Wissenschaftliche Beiträge
aus dem Tectum Verlag

Reihe Pädagogik

Wissenschaftliche Beiträge
aus dem Tectum Verlag

Reihe Pädagogik
Band 53

Kristina Gottschall

Achtsamkeit in der Heilpädagogik

Auswirkungen und Bedeutung
für die professionelle Beziehungsgestaltung

Mit einem Vorwort von Prof. Dr. Heidrun Kiessl

Tectum Verlag

Kristina Gottschall
Achtsamkeit in der Heilpädagogik
Auswirkungen und Bedeutung für die professionelle Beziehungsgestaltung

Wissenschaftliche Beiträge aus dem Tectum Verlag
Reihe: Pädaogik; Bd. 53

© Tectum – ein Verlag in der Nomos Verlagsgesellschaft, Baden-Baden 2021
ISBN 978-3-8288-4633-3
ePDF 978-3-8288-7706-1
ISSN 1861-7638

Umschlaggestaltung: Tectum Verlag, unter Verwendung des Bildes # 45601228
von nikkytok | www.shutterstock.de

Gesamtverantwortung für Druck und Herstellung:
Nomos Verlagsgesellschaft mbH & Co. KG
Printed in Germany

Alle Rechte vorbehalten

Besuchen Sie uns im Internet
www.tectum-verlag.de

Bibliografische Informationen der Deutschen Nationalbibliothek
Die Deutsche Nationalbibliothek verzeichnet diese Publikation
in der Deutschen Nationalbibliografie; detaillierte bibliografische
Angaben sind im Internet über http://dnb.d-nb.de abrufbar.

Vorwort

Durch fernöstliche Weisheit und vom Buddhismus inspiriert, findet das Konzept Achtsamkeit Anklang in vielen Teilen der Welt und Eingang in verschiedenste Handlungsfelder. Wegen ihrer Wirkung und Trainierbarkeit wird Achtsamkeit beispielsweise in therapeutische Ansätze sowie Beratung integriert. Auch für die Heilpädagogik ist der Einbezug von Elementen von Achtsamkeit gleichermaßen für die Beziehungsgestaltung zu Adressaten ihres Tuns sowie für die eigene, heilpädagogische Haltung, die an manchen Stellen notwendige Selbstsorge und eigene „Psychohygiene" ein spannendes Tool. Die Autorin Kristina Gottschall befasst sich hier zunächst konkret mit den Bedeutungen und Auswirkungen von Achtsamkeit, um dann auf die heilpädagogische Beziehungsgestaltung als einer wichtigen Säule des heilpädagogischen Handelns zu fokussieren. Spezifische Merkmale der heilpädagogischen Beziehungsgestaltung werden beleuchtet, um diese anschließend auf das Konzept der Achtsamkeit zu beziehen und miteinander zu verknüpfen. Darüber hinaus eröffnet die Autorin hier mit durchaus kritischem Blick eine weitere wichtige Perspektive mit ihrem Fokus auf die Selbstsorge von heilpädagogischen Fachkräften: Ein Feld, das leider noch deutlicher in der Fachwelt diskutiert werden könnte. Achtsamkeit kann das Innehalten ermöglichen, innere Haltungen verfeinern sowie Überforderungen, Stressbewältigung und Entlastung ermöglichen. Kristina Gottschall zeigt auf, dass Achtsamkeit mit der entsprechenden Haltung und ihren Tools quasi ein doppeltes Empowerment ermöglichen kann, einmal im Kontakt und in der Begleitung für Betroffene und für uns selbst. In der Begleitung anderer und bei uns kann das Konzept längerfristig zu Gesundheit und dem Erhalt der eigenen Wachheit, gelingender Kommunikation und innerer Stabilität bei Belastungen, Krisen und Anforderungen beitragen.

Mit diesem Buch schafft die Autorin eine Verbindung von Achtsamkeit zu heilpädagogischer Praxis, Methoden und Einsatzmöglichkeiten. Allen Menschen, die zu diesem Ansatz einen Zugang finden, ihre Selbstsorgekompetenzen reflektieren und verfeinern wollen und

Selbstsorge als wichtige Säule ihres heilpädagogischen Tuns begreifen sowie im Kontakt mit vielfältigen Adressaten ihr Methodenrepertoire verfeinern wollen, kann dieses Buch empfohlen werden. Kristina Gottschall gelingt es hier, ihren reichhaltigen berufspraktischen Erfahrungsschatz einzubringen und viele Praxisbezüge zu ermöglichen. Mit ihrer festen Verwurzelung in ihrer Profession als Heilpädagogin, ihrer theoretischen Reflexionsfähigkeit, ihrer Neugier und Kreativität gelingt es der Autorin, ein modernes, spannendes und für die Heilpädagogik weitgehend neues Konzept für unsere Profession zu erschließen – an Schnittstellen, an denen es bereichernd ist für die Arbeit mit Klienten, für die eigene Fachlichkeit sowie für die Selbst- und Gesundheitssorge von (heilpädagogischen) Fachkräften. Es ist der heilpädagogischen Fachlichkeit zu wünschen, dass sich neue Horizonte eröffnen oder Arbeitsweisen erweitern, um gleichermaßen Innehalten zu können, kritisch zu reflektieren, sich abzugrenzen und miteinander zu diskutieren oder methodische Ansätze und Haltungen weiter zu verfeinern.

Prof. Dr. Heidrun Kiessl,

Professorin für Heilpädagogik & Beratung, Studiengangsleitung Heilpädagogik B.A. mit den Schwerpunkten Management & Mentoring

Fachhochschule der Diakonie, Bielefeld.

Abstract

In dieser Bachelorarbeit werden Verbindungen zwischen der Haltung der aus dem Buddhistischen stammenden Achtsamkeit, der Übungspraxis der Achtsamkeit nach Kabat-Zinn und der Heilpädagogik gezogen. Anhand einer selektivem Literaturrecherche wird die Frage untersucht, welche Bedeutungen und Auswirkungen Achtsamkeit für die heilpädagogische Beziehungsgestaltung haben kann. Grundhaltungen der Achtsamkeit und der Heilpädagogik werden im Theorie-Teil herausgearbeitet. Es zeigen sich zentrale Bedeutungen sowohl für Klient*innen als auch für die Professionellen selbst. Diskutiert werden neben anderen Bereichen exemplarisch die Aspekte der Präsenz im Hier und Jetzt, die Haltung der Akzeptanz und die Haltung des Selbstmitgefühls. Besonders für die erfolgreiche Begleitung von Menschen in Krisen hat der achtsame Beziehungsaufbau eine zentrale Wichtigkeit. Berufsbedingte Belastungen und der Umgang mit Stress werden thematisch ebenso einbezogen.

Zum Transfer in die Praxis werden einzelne Ideen für den heilpädagogischen Arbeitsbereich aufgezeigt. Diese beinhalten Interventionsansätze für den Umgang mit Klient*innen und Strategien zur inneren Vorbereitung für Professionelle, um Herausforderungen der Arbeit zu meistern.

In der Zusammenschau der Ergebnisse kann die achtsame Grundhaltung als bereichernd und unabdingbar für die heilpädagogische Beziehungsgestaltung festgestellt werden. Fachkräfte können mit dem Konzept der Achtsamkeit die Qualität ihrer heilpädagogischen Arbeit in mehrfacher Form steigern: der Kontakt zu Klient*innen gewinnt an Präsenz und Tiefe und sie selbst erhalten Methoden und Haltungen zur Selbstsorge und Gesundheitsfürsorge an die Hand. Durch die Auseinandersetzung mit der Kritik an Achtsamkeit als Instrument der Selbstoptimierung wird jedoch deutlich, dass eine achtsame Haltung einzelner Fachkräfte die Forderung nach achtsamer Führung von heilpädagogischen Einrichtungen und nach einer institutionellen Gesundheitsorge nach sich zieht.

Inhaltsverzeichnis

Vorwort V

Abstract VII

1. **Einleitung** 1

2. **Methodisches Vorgehen** 3

3. **Achtsamkeit** 5
   3.1 Definition und Verständnis von Achtsamkeit 6
   3.2 Achtsamkeit als Konzept zur Stressbewältigung (MBSR) 8
   3.3 Formelle und informelle Achtsamkeitspraxis 11
   3.4 Forschungsergebnisse zur Wirksamkeit 11
   3.5 Vielfältige Einsatzgebiete 13
   3.6 Kritische Einwände 14

4. **Merkmale der Heilpädagogik** 17
   4.1 Die heilpädagogische Haltung 18
   4.2 Ressourcenorientierung und Ganzheitlichkeit 19
   4.3 Orientierung an Wissenschaftlichkeit und Mehrperspektivität 21
   4.4 Die heilpädagogische Beziehungsgestaltung 22

5. **Bedeutungen der Achtsamkeit für die heilpädagogischen Praxis** 25
   5.1 Bedeutung für die heilpädagogische Beziehungsgestaltung 27
      5.1.1 Ausbau von Präsenz für eine achtsame Beziehungsgestaltung ... 27
      5.1.2 Förderung von bedingungsloser Akzeptanz 29
      5.1.3 Wechselwirkungen zwischen Heilpädagog*in und Klient*in 31

    5.1.4 Paradigmenwechsel von Selbstwertgefühl zu Selbstmitgefühl 33

  5.2 Bedeutung der Achtsamkeit für die Selbstsorge der Fachkräfte 34

    5.2.1 Typische psychosoziale Belastungen von Heilpädagog*innen 35

    5.2.2 Umgang mit Belastungen und Stress 37

    5.2.3 Gesunderhaltung und professionelle Tätigkeit 42

    5.2.4 Achtsamkeitspraxis für die eigenverantwortliche Psychohygiene 45

    5.2.5 Kritische Gedanken zur Selbstsorge im Arbeitskontext 47

6. Transfer der Achtsamkeit in das heilpädagogische Arbeitsfeld 49

  6.1 Achtsame Kommunikation 49

  6.2 Achtsamkeitsübungen mit Klient*innen 50

  6.3 Achtsame Begleitung von Menschen in Krisensituationen 52

  6.4 Achtsame Gestaltung der Vorbereitungszeit 54

  6.5 Veränderungen in der Zusammenarbeit am Arbeitsplatz 55

7. Diskussion der Ergebnisse 57

8. Fazit 61

Literaturverzeichnis 65

Abbildungsverzeichnis 73

Abkürzungsverzeichnis 75

Anhang 77

1. Einleitung

„Um zum Andern ausgehen zu können, muss man den Ausgangsort innehaben, man muss bei sich gewesen sein, bei sich sein."
Martin Buber (2006, S. 169)

Achtsamkeit erfreut sich zunehmender Popularität. Ein hohes Interesse der Allgemeinheit zeigen beispielsweise die 9.280.000 Interneteinträge der Suchmaschine Google zur Suche nach dem Begriff „Achtsamkeit" (abgerufen auf Google am 16.07.2020). In der Fachliteratur der Heilpädagogik taucht der Begriff der Achtsamkeit immer wieder am Rande auf, insbesondere im Hinblick auf die Qualität des heilpädagogischen Arbeitens und im Bezug auf die Herangehensweise an den Aufbau einer dialogischen und reflektierten Beziehung zu Klient*innen (Flosdorf, 2009, S. 33f.). Häufig wird hierbei die Bedeutung und der Begriff der Achtsamkeit nicht umfassend erläutert. Diese Arbeit soll diese Lücke schließen und Synergien, Auswirkungen und Bedeutungen der Achtsamkeit innerhalb der heilpädagogischen Disziplin aufspüren, so dass interessierte Leser*innen diese Bezüge nachvollziehen und für das jeweilige heilpädagogisches Arbeitsfeld reflektieren können. Insbesondere für die Auswirkung der Achtsamkeit auf den personalen Bezug in der Heilpädagogik und die professionelle Beziehungsgestaltung ist eine hohe Relevanz einer praktizierten Haltung der Achtsamkeit zu erwarten.

Die Forschungsfrage dieser Arbeit lautet demnach: *Welche Bedeutungen hat die Achtsamkeit in der heilpädagogischen Praxis insbesondere für die Gestaltung der heilpädagogischen Beziehung?*

Achtsamkeit bezieht den ganzen Menschen mit ein, somit befasst sich diese Art der Wahrnehmung und des Bewusstseins nicht nur mit dem Ausbau von Fachkompetenzen, sondern vertieft die persönliche Selbstwahrnehmung, Selbstreflexion und Selbstsorge und beugt psychischer Überlastung vor (Lützenkirchen, 2004, S. 35). Gerade in der heutigen Zeit, die im beruflichen Kontext geprägt ist von Fachkräftemangel, sind Selbstsorge und Stressmanagement wichtige Faktoren, um ein Ausbrennen zu vermeiden und die Gesundheit von vorhandenen Fachkräften zu erhalten. Das Zusammenspiel der Selbstsorge von Achtsamkeit und der heilpädagogischen Beziehungsgestaltung soll deshalb ebenso in die Bearbeitung der Forschungsfrage einfließen.

Das Thematisieren einer achtsamen Gestaltung der heilpädagogischen Beziehung hat eine Relevanz für mehrere Bezüge: für den direkten Klient*innenkontakt, für die Anleitung von Auszubildenden und Berufsanfänger*innen, für Fallreflexionen in Teams, in kollegialen Beratungen und in der Supervision. Bedingungen für eine gelingende achtsame Beziehungsgestaltung können durch das Thema erkannt und evaluiert werden, um die heilpädagogische Arbeit im Sinne einer an Menschlichkeit orientierten Haltung herzustellen.

Das methodische Vorgehen wird der wissenschaftlichen Transparenz halber in Kapitel 2 beschrieben, darauf folgend werden in Kapitel 3 die grundlegenden Elemente der Achtsamkeit und der derzeitige diesbezügliche Stand der Forschung dargelegt. Auf wesentliche für dieses Thema relevante Merkmale der Heilpädagogik nimmt das Kapitel 4 Bezug. Die Schnittstellen und verschiedene Bedeutungen der Achtsamkeit für die Heilpädagogik folgen in einer Zusammenschau in Kapitel 5. Einige konzeptionelle Hinweise zum Transfer einer Achtsamkeitspraxis in die heilpädagogische Praxis finden sich in Kapitel 6. In der anschließenden Diskussion erfolgt eine kritische Auseinandersetzung und Auswertung der Ergebnisse, so dass im abschließenden Fazit eine für die Heilpädagogik relevante Antwort auf die Forschungsfrage gegeben werden kann.

Zur gendergerechten Schreibweise: Die Heilpädagogik als theorie- und praxisorientierte Wissenschaft tritt grundsätzlich für eine inklusive, von Diversität geprägte Gesellschaft ein, in welcher alle Menschen gleichwertig und gleichberechtigt sein sollen (BHP, 2010, S. 6). In dieser Arbeit wird deshalb durchgängig die Schreibweise mit dem Genderstern gewählt (beispielsweise „Heilpädagog*in"), so dass sich alle Leser*innen unabhängig ihres Geschlechts oder Orientierung selbstverständlich gleichberechtigt und ohne Bevorzugung oder Benachteiligung angesprochen fühlen können.

2. Methodisches Vorgehen

Die vorliegende Literaturarbeit basiert auf einer selektiven Literaturrecherche. Die Suchstrategien in verschiedenen Datenbanken und Bibliotheken wie base-search.net, Hindawi, Google Scholar, der Fernleihe der hochschuleigenen Bibliothek und städtischer Bibliotheken umfassten folgende Begriffe: „Achtsamkeit", „MBSR", „Mindfulness", „Achtsamkeit in der Heilpädagogik", „Heilpädagogische Beziehungsgestaltung", „Selbstsorge in der psychosozialen Arbeit" und „Selbstmitgefühl" sowie „Stressverarbeitung", „Meditation", „Studien zu Achtsamkeit" und „Krisenintervention". In Büchern, Fachzeitschriften und auf Homepages von Fachverbänden und MBSR-Praxen wurden Fachartikel gelesen. Ausgeschlossen wurden Arbeiten zu den Themen „Achtsamkeit in der Lehrerfortbildung". Der Fokus lag auf den Aspekten der Auswirkungen von Achtsamkeit im heilpädagogischen Arbeitskontext, insbesondere auf die Qualität der Beziehungsgestaltung. Zum Themengebiet der Achtsamkeit existieren vielfältige und vielfache Studien. Da für den spezifischen und ausschließlichen Bereich der Verbindung der Achtsamkeit zur Heilpädagogik und zur heilpädagogischen Beziehung zwar Fachliteratur, aber kaum Forschungsarbeiten vorliegen, wurden auch Artikel zu den Themen der Achtsamkeit von angrenzenden Fachbereichen wie der Beratung und Psychotherapie, der Sozialen Arbeit und der Pädagogik einbezogen. Die Recherche schloss deutschsprachige, englische und amerikanische Literatur ein. In der deutschen Literatur wurden Veröffentlichungen aus Deutschland, Österreich und Schweiz verwendet.

3. Achtsamkeit

Ein Zugangsweg zur Achtsamkeit ergibt sich aus Erkenntnissen der Hirnforschung, insbesondere aus den Auswirkungen einer achtsamen Haltung auf neurobiologischer Ebene. Gerald Hüther beschreibt seine Ergebnisse aus der Neurobiologie und der Hirnforschung und betont, dass Achtsamkeit aufgrund der besonderen und bewussten Pflege der Wahrnehmungsfähigkeiten dazu führt, dass entscheidende neuronale komplexe Verschaltungen entstehen und diese zu einer grundsätzlichen Erweiterung und Aktivierung der Gehirnnutzung führen (2010, S. 119ff.). Schließlich kommt er zu der markanten Aussage, dass Achtsamkeit insbesondere zum Erlangen einer Abkehr von beschränkten, nicht hinterfragten gewohnten Denkstrukturen eine „wesentliche Unterhaltungs- und Wartungsmaßnahme für ein menschliches Gehirn" sei, wobei er mit „menschlich" nicht nur die Zugehörigkeit zur menschlichen Spezies meint, sondern die ethischen Grundwerte von Menschlichkeit assoziiert (ebd., S. 123ff.). Eine achtsame Haltung wird als Weg beschrieben, der in eine reflektierte und verantwortungsbewusste Lebenseinstellung mündet; dabei verknüpft Hüther die achtsame Haltung auf der Ebene der Wahrnehmung mit der auf der menschlichen Handlungsebene entstehende Haltung einer Behutsamkeit (ebd., S. 123).

Achtsamkeit hat Einzug gehalten in viele Bereiche der helfenden Berufe. Eine hohe Zunahme von Forschungen und Studien in Bezug auf die Wirksamkeit der Achtsamkeit insbesondere im medizinischen, psychologischen, psychotherapeutischen Bereich und in der präventiven Gesundheitsfürsorge führte zu einem bemerkenswertem Anstieg der wissenschaftlichen Veröffentlichungen. Dies verdeutlicht Abbildung 1 für den Zeitraum von 1980–2019.

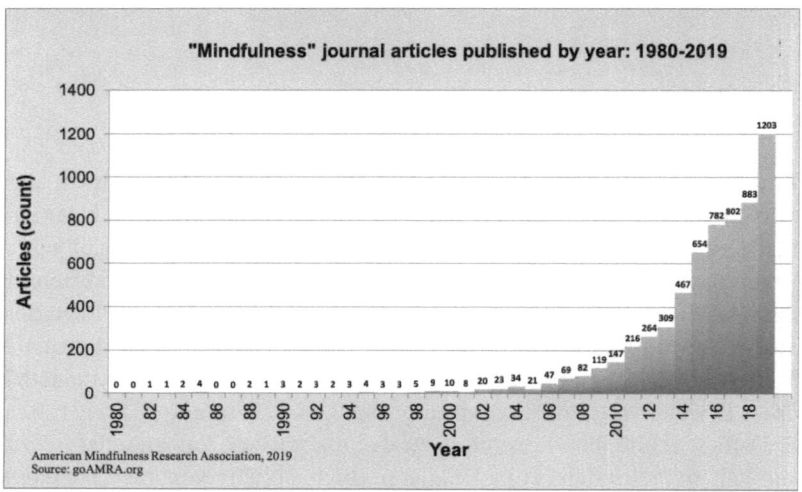

Abb. 1: Publikationen zum Thema Achtsamkeit von 1980–2019
(American Mindfulness Research Association, 2020, o. S.)

In den folgenden Kapiteln soll nun ein fundiertes Verständnis der spezifischen Haltung und der Praxis der Achtsamkeit hergeleitet werden.

3.1 Definition und Verständnis von Achtsamkeit

Achtsamkeit wird in der deutschen Sprache konnotiert mit einer Aufmerksamkeit gegenüber jemandem oder etwas und bezeichnet die bewusste Wahrnehmung und Beachtung dessen sowie eine Vorsicht und Sorgfalt im Verhalten und Handeln, besonders im Umgang mit anderen (Digitales Wörterbuch der deutschen Sprache, o. J., o. S.). Nach Kabat-Zinn ist Achtsamkeit zunächst „eine Fähigkeit, die wie jede andere Fähigkeit durch Übung entwickelt werden kann" (2019, S. 22). Achtsamkeit wird von ihm definiert als eine Form des Seins, welche sich durch „die Bewusstheit, die sich durch gerichtete, nicht wertende Aufmerksamkeit im gegenwärtigen Augenblick einstellt" (ebd., S. 23). Achtsamkeit wird als das „Gewahrsein selbst" bezeichnet und umfasst nicht nur kognitive Fähigkeiten, sondern alle Gedanken und Emotionen (Williams & Kabat-Zinn, 2018, S. 32). Historische Ursprünge der Achtsamkeit findet man in Meditationsübungen des Buddhismus, die zeitlich 500 Jahre v. Chr. einzuordnen sind (Bodhi, 2018, S. 38f.). In der buddhistischen Meditation wird die „rechte Achtsamkeit" zur Überwindung von Leid hervorgehoben. In überlieferten Reden des Buddha werden vier Grundlagen der Achtsamkeit genannt:

> Der einzige Weg ist dies (…) zur Läuterung der Wesen, zur Überwindung von Kummer und Klage, zum Schwinden von Schmerz und Trübsal, zur Gewinnung der rechten Methode, zur Verwirklichung des *nibbana*, nämlich die vier Grundlagen der Achtsamkeit (…) Da weilt (…) beim Körper in Betrachtung des Körpers … bei den Gefühlen in Betrachtung der Gefühle, … beim Geist in Betrachtung des Geistes, … bei den Erscheinungen in Betrachtung der Erscheinungen, eifrig, wissensklar und achtsam (…).
> (Bodhi, 2018, S. 40f.)

Deutlich wird an diesen Aussagen, dass das gegenwärtige Beobachten und Verweilen auf die vier Bereiche Körper, Gefühle, Geist und empirische beobachtbare Phänomene bezogen sein kann und jeweils in konzentrierter, fokussierter Wahrnehmung geschieht. Das benannte Ziel der sogenannten „rechten" Achtsamkeit ist ein ethisches, nämlich Leiden zu lindern. Kabat-Zinn spricht der Achtsamkeit jedoch ab, etwas rein „Östliches" zu sein, vielmehr betont er, dass Achtsamkeit, Meditation und das Üben von innerer Stille etwas „allgemein Menschliches" ist, das in allen Kulturen und zu allen Zeiten erforscht wurde (Kabat-Zinn, 2015, S. 22). Achtsamkeit findet sich auch in christlichen Strömungen.

Ein weiterer wesentliche Aspekt einer achtsamen Haltung ist das bewusste Mitgefühl und Selbstmitgefühl. Mit Mitgefühl ist die Fähigkeit gemeint, Schmerzen und Leid bei sich und anderen wahrzunehmen sowie die Bereitschaft, Verantwortung und Fürsorge zu übernehmen. Damit werden Eigenschaften wie Mut und Großzügigkeit assoziiert. In der tibetischen Sprache beinhaltet das Wort „Tsewa" beides: das Mitgefühl für andere und für uns selbst. Das eine existiert im buddhistischen Sinne nicht ohne das andere (Brink & Koster, 2013, S. 11). In der westlichen Welt fehlt häufig das eine oder andere und das Einüben von Selbstmitgefühl wird deshalb in der Achtsamkeit als notwendige Voraussetzung für gesunde Beziehungen zu sich selbst und zu anderen

Menschen betrachtet (ebd., S. 11). Diese Arbeit bezieht sich auf die Definition der Achtsamkeit nach Kabat-Zinn.

3.2 Achtsamkeit als Konzept zur Stressbewältigung (MBSR)

Kabat-Zinn, Meditationslehrer und Gründer der Stress Reduction Clinic in Massachusetts, gelang es, eine erlernbare Praxis der Achtsamkeit durch das MBSR-Konzept (englisch = Mindfulness based stress reduction), ein achtwöchiges, methodisch-didaktisch klar strukturiertes achtsamkeitsbasiertes Programm zur Stressbewältigung, seit 1979 auch in die westlich orientierte medizinische und psychologische Welt zu verbreiten. Das MBSR-Programm wurde von ihm im klinischen Bereich entwickelt und von Anfang an durch Studien wissenschaftlich erforscht. Bereits die erste veröffentlichte Studie im Jahr 1982 belegte die Effizienz des Programms bei Patient*innen mit chronischen Schmerzen (Löhmer & Standhardt, 2013, S. 1). Konkrete Übungen vermitteln Prinzipen der Achtsamkeit, welche im MBSR-Kurs unabhängig von religiösen oder spirituellen Aspekten gelehrt werden. Das Ziel der Achtsamkeitspraxis im Kurskonzept des MBSR ist das Erlernen wirksamer Strategien zur ganz persönlichen Stressbewältigung (Schneider, 2012, S. 7ff.). Kabat-Zinn erläutert spezifische Grundhaltungen, die im Kursprogramm durch Achtsamkeit gefördert werden und zum Gelingen einer achtsamen Meditations- und Lebenspraxis notwendig sind: die Haltung des Nicht-Urteilens, die Haltung der Geduld, das Bewahren eines Anfängergeistes, Vertrauen, eine Haltung des Nicht-Erzwingens, eine Haltung der Akzeptanz und des Loslassens (2019, S. 68ff.).

Hervorgehoben wird die sogenannte „Auto-Pilot"-Funktion des Geistes: In einem unbewussten und automatisiertem Zustand ist der Mensch nur wenig in Kontakt mit dem eigenen Körper und der eigenen Wahrnehmung der Umweltreize, mit den persönlichen Gedanken und Gefühlen und reagiert automatisiert und eher unbewusst (ebd., S. 60f.). Dies kann zur Abstumpfung der Sinne und zur Entwicklung von Anspannung und Stress führen (Schneider, 2012, S. 28). Abbildung 2 veranschaulicht, wie durch das achtsame Innehalten und Gewahrsein und durch die nicht-wertende Beobachtung der Raum zwischen einem Reiz und einer Reaktion vergrößert wird und der persönliche Spielraum der Wahrnehmung und Handlungsfähigkeit reflektierter gestaltet und erweitert werden kann. Der sogenannte „AutoPilot-Modus" wird somit durch die Achtsamkeitspraxis durchbrochen.

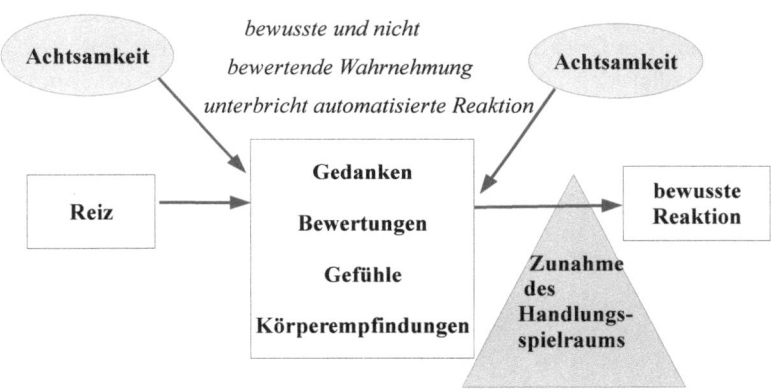

Abb. 2: Unterbrechung des Reiz-Reaktion-Musters durch Achtsamkeit
(eigene Darstellung)

Das weltweit einheitlich strukturierte MBSR-Konzept nach Kabat-Zinn hat folgende thematische Schwerpunkte: Schulung der Selbstwahrnehmung, Entwicklung von mehr Bewustheit und Präsenz, Steigerung der emotionalen Stabilität, Steigerung der Konzentration, Wissensvermittlung über Stress-Reaktionsmuster, Stresssymptome und persönliche Stressmuster, Entwicklung eines gesunden Umgangs mit Stress, mit Belastungen und schwierigen Emotionen, Lindern von körperlichen und psychischen Beschwerden, Aufbau eines achtsamen Kommunikationsverhaltens, Entwicklung einer verantwortungsbewussten und gesundheitsfördernden Haltung im Sinne einer Selbstfürsorge und Anleitung zur konkreten Meditationspraxis und ihrer Integration in den Alltag (Schneider, 2012, S. 7ff.).

In Deutschland erkennen die gesetzlichen Krankenkassen das MBSR-Programm als primäre und wissenschaftlich fundierte Präventionsmaßnahme an und bezuschussen teilweise die Kursgebühren (Ernst, Esch & Esch, 2009, S. 297). Auch die Selbstreflexion wird eingeübt und in Form von Beobachtungsbögen als Hausaufgaben mitgegeben. Beispielhafte Reflexionsbögen sind zur Veranschaulichung in den Anhängen 6, 7 und 8 einzusehen. Zu betonen ist, dass MBSR ein Übungsprogramm ist und die Teilnehmer*innen angehalten sind, 45–60 Minuten täglich selbständig formelle und informelle Übungen durchzuführen, damit sich die Grundhaltung der Achtsamkeit ausbilden kann. Abbildung 3 zeigt den inhaltlichen und zeitlichen Aufbau des Kursprogramms, welcher zu einer Zunahme der Fähigkeit der Achtsamkeit führen soll.

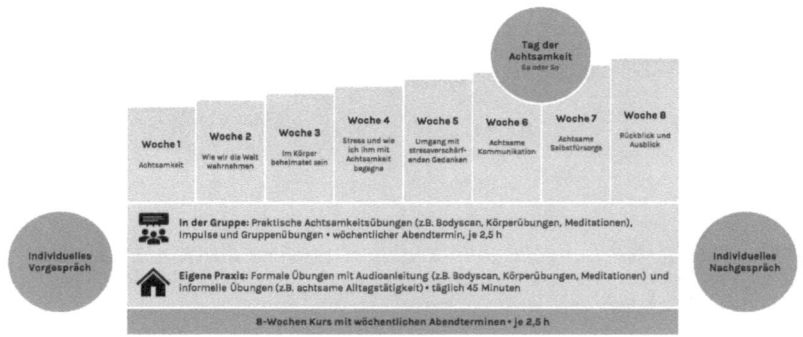

Abb. 3: MBSR-Kursablauf

(mit freundlicher Genehmigung von Suzan Wolf, 2020, o. S.)

Achtsamkeit ist keine Entspannungstechnik und kann insbesondere zu Beginn der Übungspraxis eher eine Anstrengung bedeuten, da das Abschweifen in Meditationen und das Zurückholen der Aufmerksamkeit auf den gegenwärtigen Augenblick ungewohnt und frustrierend sein kann (Schneider, 2012, S. 20). Nach den acht Wochen der Kursteilnahme wird weiterhin empfohlen, regelmäßig die Meditationen und die informellen Übungen im Alltag (beispielsweise beim achtsamen Essen und bei Alltagshandlungen) beizubehalten. Auf dieser Übungsbasis kann die Selbstfürsorge zunehmen und der „Seinszustand" der Achtsamkeit kann sich entfalten (ebd., S. 189 f.). Letztendlich ist Achtsamkeit nach Kabat-Zinn „ein Weg, der gegangen, eine Haltung, die in täglicher Übung gepflegt sein will. (…) und „eine Weise zu sein, die uns erlaubt, jeden Augenblick unseres Lebens in seiner ganzen Fülle zu erfahren" (2019, S. 420).

3.3 Formelle und informelle Achtsamkeitspraxis

Kabat-Zinn unterscheidet die formelle und informelle Achtsamkeitspraxis. Die formelle Praxis beinhaltet angeleitete Meditationsübungen wie beispielsweise Sitzmeditationen, Übungen aus dem Hatha-Yoga, die Gehmeditation und eine Meditationsübung zur Ganzkörperwahrnehmung, den sogenannten „Body-Scan". Alle Übungen dienen dem Ziel, die Aufmerksamkeit zu schulen, über eine längere Zeit wach und achtsam im Augenblick zu bleiben (Kabat-Zinn, 2018, o.S.). Auch die Yoga-Übungen dienen der eigenen Wahrnehmungsschulung, hier im Sinne der „Wiedervereinigung von Körper und Geist" (Schneider, 2012, S. 90). Es geht nicht um körperliches Training, sondern um die Schulung der eigenen Wahrnehmung. Hilfreich für die eigene Präsenz und innere Stabilität ist es dabei, die Aufmerksamkeit und die Konzentration auf den Atem zu lenken; der eigene Atem kann so zum „Anker" für die Verbindung mit dem gegenwärtigen Moment und dem eigenen Körpergefühl werden (ebd., S. 63ff.). Zur Veranschaulichung sind einige formale Übungsanleitungen des MBSR-Konzeptes im Anhang beigefügt.

Die informelle Praxis findet im Alltag bei gewöhnlichen und vertrauten Aktivitäten statt. Der Fokus soll darauf gelegt werden, in alltäglichen Tätigkeiten wie Kochen, Putzen, Essen, Spazieren eine Gegenwärtigkeit im Hier und Jetzt zu spüren, so dass man im Augenblick wirklich präsent ist und sich nicht gedanklich gleichzeitig woanders aufhält. Diese Praxis benötigt keine zusätzliche Zeit in unserem Leben; sie beschreibt eher eine Änderung des Bewusstseins und weniger eine bestimmte Technik (Kabat-Zinn, 2018, o. S.).

3.4 Forschungsergebnisse zur Wirksamkeit

MBSR wird seit der Verbreitung des Konzepts vor über 30 Jahren wissenschaftlich untersucht und in vielfältigen empirischen Studien erforscht. Es existieren derzeit acht standardisierte Achtsamkeitsfragebögen, in welchen Teilnehmer*innen Beschreibungen und Selbstberichte zu Merkmalen der eigenen Haltung, Wahrnehmung und Handlungsweise sowie charakteristischen Elemente der Achtsamkeit (wie Gewahrsein im Augenblick, Nicht-Bewertung, Akzeptanz) geben (Baer, 2018, S. 424ff.). In der Auswertung wird die selbstberichtete Achtsamkeit gemessen. Bisherige Studien geben Hinweise, dass die vorhandenen Fragebögen valide sind und mit anderen Testformen wir bildgebenden Verfahren des Gehirns korrelieren (ebd., S. 429). Die Vielzahl der Studienergebnisse würden den Rahmen dieser Arbeit sprengen, deshalb seien hier nur einige erwähnt, welche für das Thema dieser Arbeit, der Auswirkung von Achtsamkeit auf die heilpädagogische Beziehungsgestaltung, besondere Relevanz haben.

Positive Auswirkungen der Achtsamkeitspraxis konnten für psychiatrische, psychosomatische und stressbedingte Erkrankungen, sowie zur Verbesserung der Lebensqualität beispielsweise bei chronischen Schmerzen, Krebserkrankungen durch Studien nachgewiesen werden (Löhmer & Standhardt, 2013, S. 1f.). Der positive Einfluss auf die psychische und physische Gesundheit, auf das subjektive Wohlbefinden, auf die Zunahme einer positiven Affektivität und auf die Steigerung der Lebensqualität wird mit einer mittleren bis hohen Effektstärke nachgewiesen (Weidenfeller, 2014, o. S.). Durch eine Achtsamkeitspraxis werden unter anderem psychologische Wirkmechanismen wie eine verbesserte Emotionsregulation, eine Zunahme an Aufmerksamkeitsregulation, die Verarbeitung selbstbezogener Informationen und eine positive Neubewertung gefördert (ebd., o. S.).

Ein Nachweis der Effekte wurde in der Neurobiologie durch Hirnuntersuchungen gefunden. Im EEG und im MRT wurden Veränderungen in relevanten Netzwerken erkannt, ebenso führte Meditation auf der Ebene der molekularen Steuerung zu einer Erhöhung von Dopamin und Melatonin und zu einer Senkung von Cortisol und Noradrenalin, welche bei Stress ausgeschüttet werden (Esch, 2014, S. 25). Mit bildgebenden Verfahren wie der Magnetresonanztomographie (MRT) konnte bei Menschen, die über eine Meditationspraxis verfügen, eine Zunahme der grauen Hirnsubstanz insbesondere im Hippocampus nachgewiesen werden. Prozesse im Hippocampus sind für die Stressregulierung zuständig. Erstaunlich ist, dass sich eine Veränderung der

Hirnstruktur schon nach einer Meditationsübungszeit von 23 Stunden (summiert) abbilden lässt (Mundt, 2013, o. S.). Auch Kurzmeditationen konnten in Studien als wirksame Strategie zur Stressregulierung bestätigt werden: das Stresshormon Cortisol reduzierte sich und eine bessere Immunreaktivität konnte aufgezeigt werden, zusätzlich verringerten sich Ängste, Niedergeschlagenheit und Müdigkeit (Tang et al., 2007, S. 17152 f.). In Studien wurde eine hohe Achtsamkeit in einer verstärkten präfrontalen Kortexaktivierung sowie in einer Deaktivierung der Amygdala beim Benennen von Emotionen aufgezeigt, was die Annahme bestätigt, dass durch Achtsamkeit neuronale Wege der Affektregulation positiv beeinflusst werden (Ernst, Esch & Esch, 2009, S. 300). Eine langjährige Meditationspraxis führt nachgewiesenermaßen zu verstärktem Auftreten hochfrequenter, synchronisierter Gammawellen im EEG, was unter anderem typisch für erhöhte Aufmerksamkeit und funktionale Lernprozesse ist (ebd., S. 300). In einer Längsschnittstudie von Hölzel et.al. konnte aufgezeigt werden, dass Veränderungen in der grauen Substanz bereits nach der Teilnahme eines achtwöchigen MBSR-Kurses nachweisbar waren, verbunden mit einem Substanzabbau in der Amygdala (Ott, 2019, S. 180f.). Die Amygdala wird insbesondere bei Angst und Stressempfindungen aktiviert; somit schlägt sich die Wirksamkeit der Stressbewältigung des MBSR-Kurses neurophysiologisch durch die Verringerung dieser Hirnsubstanz hier nieder. Ein Pilotprojekt eines achtsamkeitsbasierten Trainings in mehreren fünften Klassen im Raum Frankfurt gibt erste Hinweise in der Studienauswertung auf Verbesserungen der Aufmerksamkeit, Zunahme der Lebensqualität und des Wohlbefindens und Verringerung des Stresserlebens von Kindern durch das Projekt (Kohls & Sauer, 2012, S. 5f.).

3.5 Vielfältige Einsatzgebiete

Achtsamkeit ist grundsätzlich für jeden Menschen geeignet. Hier werden die in der Forschung und Literatur beschriebenen Anwendungsbeispiele erwähnt. Erforscht und beschrieben ist die Wirksamkeit von Achtsamkeit für die Verbesserung von Stresssymptomen und Burnout, bei der Rückfallprävention von Depressionen, bei Persönlichkeitsstörungen, bei Ängsten, Zwängen, bei Essstörungen, bei traumabedingten Störungen, bei Krebs und chronischen Krankheiten, zur Linderung von Schmerzen, in der Palliativmedizin und in der Paartherapie (Weiss & Harrer, 2010, S. 14 und S. 17). Ebenso werden im klinischen Bereich Achtsamkeitskonzepte für folgende Zielgruppen angeboten: für Menschen mit Schlafstörungen, für Patient*innen mit Substanzabhängigkeit und Menschen mit ADHS. Die Förderung von Stressresilienz und der Aufbau von Wohlbefinden stehen im klinischen Bereich im Fokus (Valtl, 2018, S. 1).

Im pädagogischen Bereich lässt sich derzeit ebenso eine Zunahme der Anwendungsbereiche feststellen. Hier sind folgende Bereiche zu nennen: Schule und Lehrer*innenausbildung, Jugendarbeit, Erwachsenenbildung, Strafvollzug und Personalführung (ebd., S. 1), sowie Beratungkontexte, Soziale Arbeit (Lützenkirchen, 2004, S. 29ff.), Sozialpsychiatrie (Knuf, 2016a, S. 7), Heilpädagogik (Brünsting, 2011, o. S.) sowie Angebote zur Stressprävention für Studierende im Bereich der Hochschule (Riemer, P., o. J. o. S. und Chang-Gusko, 2013, S. 12).

3.6 Kritische Einwände

Manche Kritiker äußern, dass die Praxis der Achtsamkeit dazu diene, Menschen, insbesondere Arbeitnehmer*innen, dazu anzuhalten, Belastungen „weg zu meditieren", was zu einem „sediertem Bewusstsein" und nicht zu einem politischem Wandel und zu Veränderungen krankmachender Umstände führt. Achtsamkeit als Selbstoptimierungsinstrument, als spiritueller Individualweg und als Methode der Resilienzförderung festige durch die Anpassung der einzelnen an widrige Umstände eher die Missstände, als ein Bewusstsein für echte gesundheitsförderliche alternative Umstände zu entwickeln (Tholl, 2019, o. S.). Achtsamkeit steht in Gefahr, für unternehmensrelevante, wirtschaftliche Zwecke wie beispielsweise zur Produktivitäts- und Effizienzsteigerung missbraucht zu werden, wenn die ehrliche Auseinandersetzung mit den Belastungsquellen vermieden wird, um die tatsächliche Arbeitsbelastung zu verringern und die Arbeitnehmerzufriedenheit zu verbessern (Johnsson, o. J., o. S.) Wenn durch das Angebot von Achtsamkeitskursen für Arbeitnehmer*innen ein kapitalistisches, dysfunktionales System in Unternehmen unterstützt werden soll, ist eine Entwicklung einer echten und kritischen Selbstfürsorge, welche durchaus eine destabilisierende Wirkung für krankmachende Systeme nach sich ziehen könnte, unwahrscheinlich (ebd., o. S.).

Einen weiteren Kritikpunkt äußert Theodor Zeldin in einem Interview in der Wiener Zeitung: er betont, dass durch die Achtsamkeit kein Wissenszuwachs geschieht und sie schon allein deshalb nicht zur Lösung der Weltprobleme beitrage (Figl, 2017, o. S.). Zudem sieht der Historiker die Ursachen von Angst und Stress in sozialen Problemen, welche durch Meditation nicht zu lösen sind. Er empfiehlt eher den Bezug und die Neugierde auf das Gegenüber zu fördern anstatt den Ich-Bezug zu vervollkommnen. Die Konversation und den Austausch zwischen den Generationen, sowie das Kriterium des Lebensbezugs in der Bildung sind für ihn geeignetere Ansätze, um wirklich an Problemlösungen zu arbeiten (ebd., o. S.).

Der Soziologe Hartmut Rosa kritisiert die Achtsamkeit in einem Interview mit Stratmann im Online-Magazin Ethik Heute als eine individuelle Strategie der Elite zur Erfolgsmaximierung. Ein Extrembeispiel eines Managers wird erwähnt, dem es mit Hilfe der Achtsamkeitspraxis besser gelinge, Mitarbeiter*innen zu entlassen als vorher (Stratmann, 2016, o. S.) Der für ihn subjektfixierten Achtsamkeitsbewegung stellt er das Prinzip der sogenannten Resonanz entgegen und bezeichnet die Beziehung und die Offenheit zum Gegenüber und zur Welt als das Entscheidende. Allerdings räumt er eine Nähe zur Achtsamkeit ein. Achtsamkeit stellt für ihn nur die Resonanzfähigkeit auf der Subjektseite her und schaffe Voraussetzung, der Welt mit einer offenen, resonanzsensiblen und achtsamen Haltung zu begegnen. In seinem Konzept der Resonanz wird die Gegenseitigkeit der Beziehungen betont, welche nicht wie die Achtsamkeit zu trainieren und zu steigern ist. Probleme von Individuen wie Burnout oder Beschleunigung der Arbeitswelt müssen laut Rosa auch in soziologischen und politischen Kontexten betrachtet werden. Gelingendes Leben sieht er in den Verbindungen des Individuums in seiner Welt (ebd., o. S.).

Auch in den Reihen von Forschern und Anhängern der Achtsamkeit wird der Boom um die Achtsamkeit kritisch gesehen; ein bezeichnender Begriff des Spottes dieser Mainstream-Bewegung ist entstanden:

der „McMindfulness" (Knuf, 2016b, S. 28). Achtsamkeitskurse werden von großen Unternehmen wie Google, Siemens und RWE für ihre Mitarbeiter*innen angeboten. Die Vermutung liegt nahe, dass die Konzerne damit die Leistungsfähigkeit der Angestellten steigern wollen und damit nicht mehr dem ursprünglichen Wesen der Achtsamkeit gerecht werden: nämlich sich allen Empfindungen des jetzigen Moments offen und beobachtend zuzuwenden. So wird Achtsamkeit absurderweise selbst zu einem Teil der Beschleunigungskultur, zu welcher sie ursprünglich ein Gegenpol bildete (ebd., S. 28). Die Instrumentalisierung von Achtsamkeitskursen ohne ethischen Bezug wird besonders deutlich in einer Ausgabe mehrerer Millionen Dollar des amerikanischen Militärs für einen Acht-Wochen-Kurs (Mindfulness-based Mind Fitness Training) für Soldat*innen, welcher nicht nur die psychische Widerstandsfähigkeit der Einsatzkräfte zur Prävention möglicher posttraumatischer Belastungsstörungen fördern, sondern auch die Leistungssteigerung im Kampfeinsatz verbessern sollte (ebd., S. 29). Grossman entgegnet im Interview mit Knuf, dass die Achtsamkeit nicht als reine Aufmerksamkeitsübung instrumentalisiert werden darf, sondern die Qualitäten der Wahrnehmung, der entwickelten Freundlichkeit, Großzügigkeit, der Toleranz und der Offenheit Mut bedeuten und die ethische Haltung der Achtsamkeit auszeichnen (ebd., S. 31). Auch Pfeifer-Schaupp gibt zu bedenken, dass es, ganz im buddhistischen Sinne, eine „rechte und falsche Achtsamkeit" (2010, S. 175) gibt. Die rechte Achtsamkeit zielt auf Verminderung von Leid und ist unabdingbar Ausdruck einer ethischen Haltung, welche die Achtung vor allem Leben, die Entwicklung von Mitgefühl und Menschlichkeit verfolgt (ebd., S. 176f.).

4. Merkmale der Heilpädagogik

Die Heilpädagogik ist eine eigenständige Wissenschaft und Profession innerhalb der Sozialen Arbeit mit eigenen Aufgaben, Kompetenzen und Methoden. Heilpädagogik ist nach Speck „selbstverständlich Pädagogik" (2008, S. 20). Heilpädagogik wird als spezielle und spezialisierte Pädagogik für Kinder, Jugendliche und Erwachsene mit Lern- und Erziehungshindernissen, demnach mit Behinderungen und/ oder sozialen Benachteiligungen und einem entsprechendem Erziehungs- und Bildungsbedarf betrachtet (ebd., S. 18). Allgemeiner formulieren es Greving und Timpe: Zum heilpädagogische Klientel zählen „Menschen, die individuelle Förderung und Begleitung benötigen und auch wollen" (2017, S. 587). Heilpädagog*innen „beraten, fördern, bilden und begleiten Menschen mit Beeinträchtigungen und deren soziales Umfeld" (BHP, 2010, S. 4). Die (heilpädagogische) Diagnostik und auch therapeutische Interventionen zählen ebenso zu den heilpädagogischen Aufgaben (ebd., S. 7).

Die übergeordneten Ziele jeglichen heilpädagogischen Handelns der heutigen Zeit sind die Förderung und Umsetzung der Inklusion, der Selbstbestimmung, der Teilhabe an allen gesellschaftlichen Bereichen, Förderung der Selbstbefähigung und Selbstbemächtigung der Klient*innen (nach dem Prinzip des Empowerments) und das Engagement für die rechtliche Gleichstellung aller Menschen (ebd., S. 5). Seit der Ratifizierung des verbindlichen Übereinkommens der Vereinten Nationen über die Rechte von Menschen mit Behinderungen (UN-BRK) im Jahr 2009 in Deutschland ist die Inklusion im Sinne einer Selbstbestimmung und der größtmöglichen und gleichberechtigten Teilhabe am gesellschaftlichen Leben auch rechtlich die verbindliche Richtlinie für professionelle heilpädagogischen Maßnahmen und Angebote der Eingliederungshilfe für Menschen mit Behinderungen. Behinderungen, Beeinträchtigungen und herausforderndes Verhalten von Menschen werden nicht isoliert, sondern gemäß der ICF (International Classification of Functioning, Disabilitiy and Health) im Wechselspiel mit den Kontextfaktoren des sozialen Umfeldes betrachtet.

Durch kritisches und reflektiertes Hinterfragen von sozialen Zuschreibungen und der „Annahme der guten Gründe" von Menschen für ihr Verhalten und ihr besonderes So-Sein soll ein Verständnis für Handlungen und eine Wertschätzung individueller Handlungsmotivationen von Menschen, die bislang eher Unverständnis und Grenzen im Umfeld erfahren haben, entwickelt werden (Kiessl, 2019, S. 39). Die Gestaltung, die Wahrnehmung, das Verstehen und Einschätzenkönnen von Beziehungsprozessen stellen weitere besondere Aufgaben in der Heilpädagogik dar (Datler, 2000, S. 65f.).

Das Arbeiten im und mit dem sozialen Umfeld von Klient*innen erfordert zudem neue systemorientierte Weisen von Beziehungsgestaltungen für Heilpädagog*innen in den verschiedenen Rollen der Beziehungsstifter*in, Begleiter*in und auch Netzwerker*in, um mit allen relevanten Bezugspersonen tragfähige Kooperations- und Kommunikationsanschlüsse zu gestalten (Kiessl, 2019, S. 158).

Wesentliche und charakteristische Aspekte der Heilpädagogik als eigener Disziplin und Profession werden in den folgenden Unterkapiteln dargelegt. Insbesondere die Grundhaltungen der Heilpädagogik und die heilpädagogische Beziehung werden zur Annäherung an die Forschungsfrage ausführlich beschrieben.

4.1 Die heilpädagogische Haltung

Nach Haeberlin ist in der Heilpädagogik eine Ausrichtung an verbindlichen ethischen Werten unabdingbar, er prägte den Begriff der „wertgeleiteten Wissenschaft" und betonte das grundsätzliche parteiergreifende Agieren als „Anwalt" für die Würde von Menschen, deren Entwicklung durch Behinderungen oder Beeinträchtigungen erschwert ist (2005, S. 34). Insbesondere im Hinblick auf gesellschaftliche Strömungen der Gentechnik, der erweiterten pränatalen Diagnostik und der daraus folgenden möglichen Schwierigkeiten der Positionierung für die Arbeit mit geistig schwerstbehinderten und mehrfach behinderten Menschen bietet die Stellungnahme der Heilpädagogik für die uneingeschränkte Würde jedes Menschen durch ihre Wertorientierung Halt und Sinnhaftigkeit (Greving & Ondracek, 2020, S. 65). Folgende weitere ethischen Grundhaltungen sind neben der Achtung der Würde jedes

Menschen im derzeitigen Berufsbild der Heilpädagogik verankert: Jeder Mensch wird grundsätzlich als erziehungs- und bildungsfähig betrachtet und die Rechte auf Leben, Würde und Selbstbestimmung, auf Persönlichkeitsentfaltung und gesellschaftliche Teilhabe jedes Menschen prägen das heilpädagogische Handeln. Zudem wird jedes Individuum als Ganzheit und in seinen sozialen Bezügen gesehen und Heilpädagog*innen verpflichten sich, die Privatsphäre von Klient*innen zu achten, Diskriminierungen entgegen zu treten und sich selbst professionell zu reflektieren und weiterzubilden (BHP, 2010, S. 6). Ergänzt werden die anthropologischen Aspekte der Menschenwürde der heilpädagogischen Haltung durch psychologische und pädagogische Aspekte (Hofer, 2007, S. 27ff.). Die pädagogische Haltung wird durch einen Gegenwartsbezug, eine Zukunftsorientierung und eine grundsätzlich „skeptische" Orientierung geprägt und durch Offenheit, Gelassenheit und Hoffnung beschrieben (ebd., S. 29ff.). Zur psychologischen Seite gehören die Variablen der Wertschätzung, der Empathie, der Aufbau emotionaler Wärme und der eigenen Echtheit (Kongruenz), was die Nähe zu den relevanten Variablen einer gelingenden therapeutischen Beziehung nach Carl Rogers verdeutlicht (ebd., S. 27f.).

Ein weiterer Aspekt betrifft die Blickrichtung in der Heilpädagogik. Insbesondere die Haltung „Nicht gegen den Fehler, sondern für das Fehlende", welche auf Paul Moor (1899–1977) als einer der ersten prägenden Universitätsprofessoren der Heilpädagogik zurückgeht, zeigt die Abkehr einer Defizitorientierung und die damit zutiefst verbundene Ausrichtung an individuellen Entwicklungsprozessen und Menschlichkeit auf (Lotz, 2005, S. 10). Dennoch darf das schwere Thema der Leiderfahrungen nicht ausgenommen werden, denn Heilpädagog*innen arbeiten in einem Feld, in welchem Grenzerfahrungen und Leid der Klient*innen von ihnen bewusst wahrgenommen, mitgetragen und ausgehalten werden müssen mit dem Ziel, für bessere Lebensbedingungen einzustehen (ebd., S. 13).

4.2 Ressourcenorientierung und Ganzheitlichkeit

Die Bedeutung des Wortes „heil" in Heilpädagogik wird hier etymologisch im Sinne von „ganz" verstanden (Digitales Wörterbuch der deutschen Sprache, o. J., o. S.). Heilpädagog*innen treten ein für ein Prinzip der Ganzheitlichkeit. Jeder Mensch wird in seinen vielfältigen Facetten wahrgenommen und nicht reduziert auf seine durchaus auffallenden Schwierigkeiten oder seinen Förderbedarf, so dass heilpädagogische Entwicklungsförderung und -begleitung immer möglichst viele Bereiche des Menschen einbeziehen (Greving & Timpe, 2017, S. 587). Charakteristisch für die heilpädagogische Sichtweise ist somit ein ganzheitliches Menschenbild, welches körperliche, geistige, seelische und soziale Dimensionen eines Menschen als „unauflösliche Einheit" betrachtet (BHP, 2010, S. 7). Gerade für das von Beeinträchtigungen erschwerte Klientel in der Heilpädagogik ist das Auffinden und Fördern der persönlichen Ressourcen, also der individuellen Talente, Begabungen und Potentiale von wesentlichem Wert, um Deprivationen zu vermeiden und Entwicklungen zu unterstützen (Greving & Timpe, 2017, S. 597). Der Blick ist demnach betont nicht auf medizinische Symptome und Defizite gerichtet, sondern auf Stärken und Entfaltungsmöglichkeiten. Defizite werden jedoch nicht ignoriert, sie gehören meistens gerade durch erlebte Ausgrenzungen und Benachteiligungen zu den leidvollen Erfahrungen der Klient*innen und führen in der Heilpädagogik durch den Dialog mit den Klient*innen zu individuellen Herangehensweisen, wie trotz und mit diesen Defiziten ein gutes, glückliches Leben ermöglicht werden kann (Lotz, 2005, S. 11).

Auch an den vielfältigen heilpädagogischen Methoden wie an den Angeboten der Wahrnehmungsförderung, Spieltherapie, Psychomotorik, Rhythmik, Musik, und das Kreative Gestalten, ist ersichtlich, dass immer der ganze Mensch mit Körper, Geist und Seele angesprochen wird (BHP, 2010, S. 10).

Ressourcenorientiertes Arbeiten bedeutet aber auch, neben der Förderung individueller Potentiale die Perspektive zu weiten und alle sozialen und Umweltfaktoren des Systems einzubeziehen, welche für die Verbesserung der Lebensqualität, des Wohlbefindens und der Gesundheit im umfassenden Sinne wichtig sind (Kiessl, 2019, S. 90).

4.3 Orientierung an Wissenschaftlichkeit und Mehrperspektivität

Für die Heilpädagogik als spezialisierte Erziehungswissenschaft ist eine Interdis-ziplinarität in Theorie und Praxis kennzeichnend. Dabei ist es für Fachkräfte der Heilpädagogik von hoher Bedeutung, sich auch in angrenzenden wissenschaftlichen Fachdisziplinen einzuarbeiten, um so aus den verschiedenen Perspektiven ein Verständnis für das Klientel und die methodisch-didaktische Planung heilpädagogischen Handelns mehrperspektivisch aufzubauen. Beispielsweise ist ein medizinisches Fachwissen für den Umgang mit Kindern mit einer lebensverkürzenden Erkrankung äußerst hilfreich, auch wenn die heilpädagogische Tätigkeit an sich keine medizinische ist. So sind auch in der Ausbildung und im Studium der Heilpädagogik folgende Fächer und Inhalte neben den heilpädagogischen Fachwissenschaften verortet: Pädagogik, Psychologie, Soziologie, Rechtswissenschaften, Biologie, Philosophie und Ethik, Medizin, Wirtschaftswissenschaften, teilweise auch Theologie (Speck, 2008, S. 307ff.). Die Arbeit mit beeinträchtigten Menschen erfordert ein umfassendes Wissen in vielen Fachbereichen und Zusammenhängen. Durch die Einbindung in den historischen und den jeweils aktuell gesellschaftlichen Kontext ist die Heilpädagogik durch ihr Wirken und Forschen auch selbst an aktuellen Entwicklungen und Veränderungen beteiligt (Greving & Ondracek, 2020, S. 197). Das Wissensfundament und die heilpädagogischen Handlungskompetenzen speisen sich dabei aber nicht nur linear aus den oben genannten Wissenschaften, sondern auch aus der aktiven mehrdimensionalen Auseinandersetzung mit dem systemisch-ökologischen Orientierungsansatz, der die Dimensionen der bedeutsamen sozialen Verflechtungen der Menschen und den Aufbau einer positiven Lebensqualität der Klient*innen im „Erleben der eigenen Lebenswelt" (Speck, 2008, S. 263ff.) stets einbezieht und zum Ziel hat. Bedeutende Inhalte heilpädagogischer Forschung und Reflexion sind demnach konkrete individuelle Lebenswelten und Lebenszusammenhänge und kein „künstlich versiegeltes Spezialwissen" (ebd., S. 91).

Gemäß der Forderung Haeberlins verpflichtet sich auch die Forschung innerhalb der Heilpädagogik zu sozialethischen Werten. Die Methodenwahl muss systematisch, begründet, rational nachvollziehbar, sprachlich klar formuliert und offen für argumentativer und empirischer Kritik sein (Haeberlin, 2007, S. 301).

4.4 Die heilpädagogische Beziehungsgestaltung

Bereits Haeberlin hebt den Aufbau einer dialogischen Beziehung zwischen Heilpädagog*in und Klient*in und die notwendigen Merkmale hervor: genannt werden die Annahme des Gegenübers, das Vertrauen in das Potential des Gegenübers und die Echtheit im Gespräch (Haeberlin, 2005, S. 37). Die heilpädagogische Beziehung bildet die Grundlage für alle heilpädagogischen Interventionen. Begegnungen werden „erschließend" und „partnerschaftlich" gestaltet (ebd., S. 39). Für die heilpädagogische Haltung in der Beziehungsgestaltung bedeutet dies eine Begegnung von Mensch zu Mensch ohne Kategorisierungen von Behinderungsgraden, was als Lebens- und Arbeitsweise den vorzufindenden gesellschaftlichen Gepflogenheiten der Bewertungen und Beurteilungen häufig diametral entgegensteht (ebd., S. 39).

Prägend für die Fokussierung auf die heilpädagogische Beziehung war die Philosophie Martin Bubers (1878-1965) und seine Schriften zum „Dialogischen Prinzip", in welchen er betont, dass eine Menschwerdung (im Sinne der menschlichen Entwicklung) nur im echten Kontakt mit Menschen (Buber, 2006, S. 32) und ein echter Dialog nur mit „personaler Vergegenwärtigung" gelingen kann (ebd., S. 283ff.). Personale Vergegenwärtigung meint hier das Innewerden eines anderen „Mitmenschen als einer (...) Ganzheit, Einheit und Einzigkeit" in einer wesentlichen und gegenseitigen Beziehung und Begegnung in der Gegenwart (ebd., S. 284f.). Voraussetzungen auf der Seite der Heilpädagog*innen für eine derart menschliche und verstehende Beziehung sind folgende drei Faktoren: die vorbehaltlose und uneingeschränkte Akzeptanz und Wertschätzung des Gegenübers, die Kongruenz (Echtheit und Authentizität) und die Fähigkeit eines einfühlenden Verstehens (Empathie). Diese Aspekte sind auch durch Carl Rogers als Vertreter der humanistischen Psychologie als Basis jeglicher Gesprächsführung bekannt und in ihrer positiven Wirksamkeit empirisch belegt (Flosdorf, 2009, S. 36f.). Die dialogische Haltung und das personalisierte Menschenbild in der Heilpädagogik werden in Bubers markanten Aussage „Der Mensch wird am Du zum Ich" (Buber, 2006, S. 32) verdeutlicht. Einprägsamer aber sind Feusers Worte, welche die Verantwortung der Heilpädagog*innen für die Ausgestaltung dieser dialogischen Beziehung betont: „Der Mensch wird zu dem Ich, dessen Du wir ihm sind!" (Feuser, 1999, o. S.).

Heilpädagog*innen selbst wirken in ihrer Person durch differenzierte Selbst- und Fremdwahrnehmung und die Vermittlung und Mitteilung dieser wechselseitiger Prozesse sind als Medien der heilpädagogischen dialogischen Beziehungsgestaltung anzuerkennen (Flosdorf, 2009, S. 17). Die eigene Wahrnehmung zu schulen, um zum „Klangkörper" des/der anderen zu werden wird als Voraussetzung betrachtet, um emotionale Berührtheit empfinden und diese in Offenheit mit dem Gegenüber teilen zu können. Das achtsame Wahrnehmen und Einfühlen in die Befindlichkeit des Gegenübers, das Aushalten und das vorurteilsfreie Akzeptieren kann bisherige Beziehungserfahrungen positiv erweitern, verändern oder gar korrigieren (ebd., S. 21). Die Erfahrung einer emotional tragenden Beziehung ist auch aus der Bindungstheorie her erwiesenermaßen unersetzlich für eine gesunde sozial-emotionale Entwicklung. Für Heilpädagog*innen ist bindungstheoretisches Grundwissen die Voraussetzung für den bewussten Aufbau der heilpädagogischen Beziehung (Kiessl, 2015, S. 96), gepaart mit einer wertschätzenden Beziehungsgestaltung auf Augenhöhe. Das vorhandene hierarchische Gefälle zwischen Heilpädagog*in und Klient*in muss gut reflektiert werden, um Machtmissbrauch ausschließen zu können; Feinfühligkeit und empathisches Begleiten sind dafür unverzichtbare Elemente (ebd., S. 96f.).

Diese besondere Art der Beziehungsaufnahme- und Pflege zeichnet Heilpä-dagog*innen nicht nur in Einzelkontakten zu Klient*innen aus, sondern auch in Leitungsfunktionen. Eine individualisierte und personzentrierte Gestaltung von Beziehungen zeigt sich auch in Kontakten mit Mitarbeiter*innen, Kolleg*innen, Vorgesetzten und Netzwerkpartner*innen. Die Gestaltung einer freundlichen und konstruktiven Arbeitsatmosphäre sowie einer reflektierten und transparenten Kommunikationsstruktur mit dem Fokus, Entwicklung zu ermöglichen, stellen wichtige Ressourcen von Heilpädagog*innen dar, die aus ihrer Fähigkeit zur bewussten Beziehungsgestaltung hervorgehen (BHP, o. J., S.).

5. Bedeutungen der Achtsamkeit für die heilpädagogischen Praxis

Aus der synoptischer Zusammenschau der Literatur zur Achtsamkeit auf der einen Seite und zur Heilpädagogik auf der anderen Seite ergeben sich wesentliche Berührungspunkte und auch Parallelen in der ethischen Ausrichtung und in den Grundhaltungen, die in Tabelle 1 zusammengefasst sind:

Tab.1 Schnittstellen von Achtsamkeit und Heilpädagogik (eigene Darstellung)

Aspekte	Achtsamkeit	Heilpädagogik
Ethische Orientierung	Ethische Grundlage: Leiden lindern, Mitgefühl fördern	Ethische Ausrichtung jedes heilpädagogischen Handelns: für die Ausgestaltung der Menschenwürde und Entwicklungsfähigkeit jedes Menschen eintreten
Menschenbild	Einheit aus Körper-Gedanken-Gefühlen	Der Mensch wird als Ganzheit einer Körper-Geist-Seele-Einheit und in seinen sozialen und personalen Bezügen gesehen
Wissenschaftliche Fundierung	Bedeutsam: westlich angewandte Achtsamkeitskonzepte basieren auf wissenschaftlichen Forschungsergebnissen und bewirken neue Forschungsprojekte	Bedeutsam: Interdisziplinarität der verschiedenen Wissenschaften, Einbezug neuer Erkenntnisse wirkt in Praxis hinein (und umgekehrt)
Haltung der nicht wertenden Wahrnehmung	Ziel und Inhalt der Meditationspraxis	Voraussetzung für die Leitidee der Heilpädagogik der menschenrechtsbasierten Inklusion und Partizipation im Sinne der Abkehr von Bewertungen, Ettikettierung und Klassifizierung von Menschen
Haltung der Geduld	Ziel und Inhalt der Meditationspraxis	Voraussetzung für den Aufbau einer heilpädagogischen Beziehung mit Menschen mit Erschwernissen und Beeinträchtigungen, die Zeit, Geduld und individuelle Gegebenheiten erfordern

Förderung von Empathie	Aufbau von Mitgefühl und Selbstmitgefühl entsteht durch die Haltung der Akzeptanz	Vorausgesetzte psychologische Basisvariable (neben der Akzeptanz und der Kongruenz) für die Gestaltung wirksamer, personzentrierter hilfreicher und wertschätzender Beziehungen
Orientierung an Ressourcen	Durch die Achtsamkeitspraxis sollen gesundheitsförderliche Ressourcen freigesetzt und aufgebaut werden	Ressourcenorientierte Grundhaltung (Orientierung an Stärken und Potentialen) ist bedeutsam für methodisch-didaktische Planung in der Heilpädagogik
Präsenz im Hier und Jetzt	Ziel und Definition der Achtsamkeit als Seinszustand	Bedeutsam für den inneren Prozess der „personalisierten Vergegenwärtigung" (Buber, 2006, S. 284) als Voraussetzung einer gelingenden dialogischen Beziehungsgestaltung
Haltung der bedingungslosen Akzeptanz	Ziel, Grundhaltung und Inhalt der Meditationspraxis	Psychologische Basisvariable und Voraussetzung für eine personzentrierte dialogische professionelle Beziehungsgestaltung

In der Gegenüberstellung lässt sich ablesen, dass erforderliche Grundhaltungen für eine gelingende ethisch ausgerichtete heilpädagogische Praxis durch eine Achtsamkeitspraxis vertieft werden können. Achtsamkeit bietet neben der zentralen Bedeutung, gelingende Bedingungen für eine Entwicklungsförderung zu schaffen, auch die Aspekte der Selbstreflexion, Selbstverwirklichung und Selbsthingabe auf die pädagogisch Tätigen selbst bezogen (Dauber, 2006, S. 7 und 9f.).

Zusätzlich zeigt die Achtsamkeit für Professionelle ein ethisch und wissenschaftlich fundiertes Konzept der Selbstsorge auf. Die Selbstsorge wirkt dabei in zwei Richtungen: hin zur eigenen Gesunderhaltung und Pflege der eigenen Ressourcen *und* dadurch auch hin zur Qualitätssicherung der heilpädagogischen Beziehungsarbeit.

In den folgenden Unterkapiteln werden gemäß dieser zwei Ausrichtungen in Kapitel 5.1 die Bedeutungen der Achtsamkeit in der heilpädagogischen Beziehungsgestaltung mit der Perspektive auf Klient*innen und in Kapitel 5.2 bedeutsame Facetten der Achtsamkeit für die Selbstsorge der Professionellen näher beleuchtet.

5.1 Bedeutung für die heilpädagogische Beziehungsgestaltung

Mit der heilpädagogischen Beziehungsgestaltung ist in keinster Weise gemeint, „an Kinder oder behinderte Menschen so im Vorbeigehen nett und schulterklopfend Freundlichkeit zu verströmen", sondern in „innerer Achtsamkeit" soll eine vorurteilsfreie Wahrnehmung des Selbst und des Gegenübers erfolgen, um einen neuen Prozess der Offenheit und Akzeptanz zu wagen und zu gestalten (Flosdorf, 2009, S. 21). Auch in der Gesprächsführung mit Klient*innen werden das aktive Zuhören, ein Gewahrsein, eine achtsame Wahrnehmung und Aufmerksamkeit als zentrale Fähigkeiten betrachtet (Kiessl, 2019, S. 49). Für das feinfühlige Erfassen und Interpretieren des Innenlebens und der Signale der Klient*innen, für den Aufbau eines Vertrauensverhältnisses und das Geben von Ermutigung ist eine achtsame Wahrnehmung und Haltung ebenso von zentraler Bedeutung (ebd., S. 51). Speck bezeichnet die Achtsamkeit und die Verantwortung neben Fairness, Gerechtigkeit, Verlässlichkeit, Halt, Vertrauen und Lebenszuversicht als notwendige Grundhaltungen, die ein pädagogisches Verhältnis erst wirksam werden lassen (2008, S. 283). In der Arbeit als Helfer*innen und Begleiter*innen sind Fachkräfte mit ihren persönlichen Beziehungs-, Regulations- und Konfliktfähigkeiten das wichtigste „Werkzeug" ihrer eigenen Arbeit (Hantke & Görges, 2019, S. 19), welches notwendigerweise zu pflegen und instand zu halten ist. Festzustellen ist, dass Achtsamkeit in der professionellen heilpädagogischen Beziehungsgestaltung als Grundlage gefordert, aber häufig nicht präzisiert wird, wie sie erlangt werden soll. In den nächsten Unterkapiteln soll an einigen Punkten das Verhältnis und die Auswirkungen der Achtsamkeit im Sinne Kabat-Zinns zur Beziehungsqualität im Kontakt mit Klient*innen untersucht werden.

5.1.1 Ausbau von Präsenz für eine achtsame Beziehungsgestaltung

Die Präsenz und die Aufmerksamkeit auf den gegenwärtigen Moment zu lenken, ins Hier und Jetzt, ist ein Hauptinhalt der Achtsamkeitsmeditationen (Kabat-Zinn, 2019, S. 64). Automatismen in Gedanken und Handeln zu erkennen und zu unterbrechen, den sogenannten „Autopiloten" auszubremsen, all das wird durch Achtsamkeitsmeditationen eingeübt (Schneider, 2012, S. 28). Dies verhilft in der Beziehungsgestaltung zu einer Abkehr von eingefahrenen Denkweisen, zu Offenheit und Perspektivwechsel. Diese Offenheit ist insbesondere für das Klientel der Heilpädagogik durch häufige Erfahrungen von Ausgrenzungen, Anderssein und „Behindertsein" von hohem Wert. Die bewusste achtsame und uneingeschränkte Würdigung des Erlebens eines Menschen in seiner aktuellen gegenwärtigen Situation, setzt Potentiale frei und unterstützt die dem Menschen innewohnende Selbstaktualisierungstendenz (Dauber, 2006, S. 7). Erkenntnisse aus der Psychotherapieforschung zu Wirkfaktoren können durchaus auf heilpädagogische Prozesse übertragen werden. Die Bedeutung der Beziehungsqualität als der zentrale und wichtigste Wirkfaktor für gelingende Entwicklungen ist in Therapie und Beratung erwiesen (Grawe, 2005, S. 7). Die Präsenz und damit auch eine fokussierte Aufmerksamkeit bewusst ins Hier und Jetzt, auf das konkrete Erleben und die Interessen des/ der Klient*in zu lenken, kann für Klient*innen schon eine neue „heilsame Erfahrung" in der professionellen Beziehung werden (Weiss & Harrer, 2010, S. 22). Durch diesen Fokus können sich Erlebnisse der Vergangenheit und Sorgen bezüglich der Zukunft relativieren.

Die formellen Achtsamkeitsübungen (wie Bodyscan, Sitzmeditation, Gehmeditation) dienen laut Kabat-Zinn dem Ausbau der Präsenz im gegenwärtigen Moment, denn die „Gegenwart ist der einzige Zeitraum, in dem wir wirkliche Erfahrungen machen, in dem wir wahrnehmen, lernen, lieben, handeln, uns wandeln und Heilung erfahren können" (2019, S. 64). Somit verhilft die Meditationspraxis des/ der Helfer*in zu einer vertieften Wahrnehmung des aktuellen Augenblicks eines Kontaktes.

In den „generellen Interventionsregeln" Flosdorfs für die heilpädagogische Beziehungsgestaltung findet man zwei Aussagen zur Achtsamkeit: Heilpädagog*innen sollen sich vor jeder Intervention auf die innere und äußere Achtsamkeit hin sammeln, um das Fühlen, Denken, Werten, Wollen, Handeln wahrzunehmen und damit arbeiten zu können und das Arbeiten soll „im Hier und Jetzt" stattfinden (Flosdorf, 2009, S. 132). Hier wird die Schulung einer achtsamen Haltung auch explizit als Methode erwähnt, um notwendige Selbstkompetenzen von Heilpädagog*innen für die geforderte anspruchsvolle empathische Wahrnehmungsfähigkeit aufzubauen (ebd., S. 33 und 119ff.). Ein ausdifferenziertes Ausbildungsprogramm wurde speziell für angehende Heilpädagog*innen entwickelt, in welchem die Achtsamkeit durch konkrete angeleitete Meditationen, Übungen zur körperliche Entspannung und durch meditative Bewegungseinheiten eingeübt wird. Diese Meditationen bilden bei Flosdorf die Einstimmung auf ganze Ausbildungstage (ebd., S. 119). So soll eine differenzierte präsente Außen- und Selbstwahrnehmung geschult und persönliche Wahrnehmungsfähigkeiten und die Fähigkeit zur Responsivität in der Beziehungsgestaltung erweitert werden (ebd., S. 119).

5.1.2 Förderung von bedingungsloser Akzeptanz

Heilpädagogisches Arbeiten mit Klient*innen findet in einer dialogischen, vertrauensvollen Beziehung statt, in der eine akzeptierende Haltung gegenüber dem individuellen So-Seins des Gegenübers eine Grundvoraussetzung für alles Weitere ist (Greving & Ondracek, S. 2020, S. 195). Eine der wichtigen Grundhaltungen der Achtsamkeit, die durch das Praktizieren der Achtsamkeitsübungen verinnerlicht werden soll, ist die Akzeptanz (Kabat-Zinn, 2019, S. 74f.). Akzeptanz setzt im Gegensatz zur Haltung des Hinnehmens eine klare Bewusstheit und eine „aktive Entscheidung, die Situation anzuerkennen, wie sie ist" (Schneider, 2012, S. 42) voraus. Hier ist die Akzeptanz der aktuellen Gegenwart und die Selbstakzeptanz eingeschlossen. Dadurch kann laut Kabat-Zinn Mitgefühl mit sich und anderen entstehen und Bedingungen für ersehnte Veränderungen können auf dieser Grundlage geschaffen werden (Kabat-Zinn, 2019, S. 75). Der Aufbau der anderen Grundhaltungen der Achtsamkeit wie die der Geduld und der Wertneutralität (ebd., S. 69ff.) tragen ebenfalls dazu bei, dass eine akzeptierende Haltung verinnerlicht werden kann.

Nach den Axiomen der humanistischen Psychologie hat jeder Mensch das Grundbedürfnis, akzeptiert und anerkannt zu werden. Weinberger beschreibt eindringlich, dass für eine Person, „die Hilfe braucht oder die von ihrer Umwelt mit negativen Werturteilen bedacht (…) bzw. abgelehnt wird, (…) ist dies doppelt wichtig, weil sie meist gerade das: Akzeptierung und Anerkennung, am meisten entbehren musste"

(2004, S. 57). Hier wird deutlich, dass einige Attribute davon auf das Klientel der Heilpädagogik aufgrund von Erfahrungen des Behindert- und des Angewiesenseins auf andere zutreffen. Weinberger als Vertreterin des klientenzentrierten Ansatzes verknüpft die Haltung der Akzeptanz mit dem Begriff der „unbedingten Wertschätzung" und betont, wie wichtig für den Aufbau einer Selbstachtung es ist, dass ein Mensch von anderen „mit Achtung, Wertschätzung und emotionaler Wärme behandelt wird, bzw. so akzeptiert wird wie er ist" (ebd., S. 58). Für die (Heil-)Pädagogik bedeutet eine Haltung in diesem Sinne eine an keine Bedingungen geknüpfte, liebevolle „Akzeptanz der Person und Verständnis für die mit der jeweiligen Entwicklungsphase verbundenen inneren und äußeren Konflikte" (Dauber, 2006, S. 6). Erst durch das Erleben entgegengebrachter bedingungsloser Akzeptanz können Klient*innen Angst- und Verteidigungshaltungen abbauen (Weinberger, 2004, S. 58).

Eine bedingungslose Akzeptanz jedes Menschen ist auch unstrittig förderlich für das Forcieren der Inklusion, für den Umgang mit verschiedenen Menschen, mit Behinderungen und „Anderssein" und schließlich für eine entschiedene Nicht-Diskriminierung. Stärken und Schwächen werden wahrgenommen und vor allem eins: akzeptiert. Für den Kontakt mit Klient*innen entsteht durch Akzeptanz eine Offenheit gegenüber allen Prozessen der Innen- und Außenwelt, wie sie sich im jeweiligen Moment zeigen. Prozesse der Gedanken, Gefühlen und Empfindungen werden ohne Bewertung beobachtet und es erfolgt keine Bevorzugung angenehmer und keine Vermeidung unangenehmer Erfahrungen (Weiss & Harrer, 2010, S. 16). Diese Haltung der Akzeptanz kann Klient*innen als Modell dienen und dazu verhelfen, eigene abgelehnte Anteile wohlwollender und ohne Selbstkritik zu betrachten, zu verstehen und anzunehmen (ebd., S. 22).

Therapeut*innen (hier auch übertragbar auf Heilpädagog*innen) sind herausgefordert, sich mit der Paradoxie einer intendierten (zielorientierten heilpädagogischen) Handlungsweise, die nun aus der Haltung der Akzeptanz eines „Nicht-Verändern-Wollens" entstehen soll und mit der grundlegenden Akzeptanz auch schwieriger und leidvoller Persönlichkeitsanteile von Klient*innen auseinander setzen zu müssen, da dies durchaus gesellschaftlich ungewohnte Wege darstellen kann (ebd., S. 23). Es bedarf eines sensiblen Umgangs durch eine achtsame Herangehensweise, damit die Akzeptanz und das Betonen des „Seins-Modus" nicht zu einem „psychologischen Trick" entstellt werden, denn die Ziele der Achtsamkeit stehen dem vorherrschenden Effizienzdenken auch im Sozial- und Gesundheitswesen weitestgehend entgegen (Michalak, Heidenreich & Bohus, 2006, S. 249).

Zum Einüben und Verwirklichen der akzeptierenden Haltung muss zunächst die offene Wahrnehmung der eigenen Gefühle und Wünsche von Fachkräften erlernt werden, um im zweiten Schritt Bewertungen loslassen zu können (Weinberger, 2004, S. 60). Jede praktische Achtsamkeitsübung beinhaltet den Aspekt der Akzeptanz des eigenen momentanen Erlebens, so dass durch eigenes Üben die Fähigkeit zur achtsamen Haltung der Akzeptanz bei Fachkräften vergrößert werden kann.

5.1.3 Wechselwirkungen zwischen Heilpädagog*in und Klient*in

Indem Klient*innen eine achtsame und akzeptierende Haltung bei Fachkräften der konkret erleben und beobachten, kann ein Lernen am Modell stattfinden. Selbst komplexe Verhaltensweisen wie der Aufbau neuer sozialer Verhaltensweisen können durch das Modelllernen in Anlehnung an Banduras Lerntheorie leicht angeeignet werden (Bodenmann, Perrez & Schär, 2019, S. 242). Das Lernen durch Beobachten und die Wirkung eines positiven Vorbildes als Modell ist eine Grundlage für den Aufbau von menschlichen Verhaltensweisen. Dies wird in der Pädagogik und im therapeutischen Bereich vielfältig genutzt (ebd., S. 274 und S. 244f.). Somit sind Fachkräfte als Modelle und Vorbilder gefordert, das Gegenüber und sich selbst achtsam wahrzunehmen und die Haltung der Akzeptanz zu verinnerlichen.

Eine andere Auswirkung aus der heilpädagogischen Beziehung heraus geschieht aber auch in Richtung auf die Heilpädagog*innen selbst. Durch eine qualitative Studie mit Bezugsbetreuer*innen eines heilpädagogischen stationären Kinder- und Jugendheimes wurde bestätigt, dass die intensiven Erlebnisse in der (beruflichen) Beziehungsarbeit Auswirkungen auf die persönliche Lebensqualität der Fachkräfte haben, wenn diese sich nicht ausreichend abgrenzten (Sigl, 2010, S. 97). Besonders betroffen waren die Lebensbereiche der Fachkräfte der eigenen sozialen Beziehungen und der psychischen Lebensqualität. Positive wie negative emotionale Erfahrungen und Gefühle in der Beziehung zu den Bezugskindern wurden intensiv erlebt und mit ins „Privatleben" genommen. Insbesondere Sorgen und die Ängste um ein Kind beschäftigten die Mitarbeiter*innen auch nach Dienstschluss (ebd., S. 81f.). Belastende Ereignisse wie Suizidversuche der Klient*innen wirkten sich zudem direkt negativ auf die Lebensqualität der Betreuer*innen aus und verschlechterten die eigene Schlafqualität (ebd., S. 84). Aus dieser Studie geht die Forderung nach mehr Selbstfürsorge und Selbstreflexion zum Erhalt der psychischen Stabilität der Fachkräfte hervor (ebd., S. 95ff.).

Ganz besonders in der Arbeit mit Menschen, die Traumata erlebt haben, ist die Gefahr einer „sekundären Traumatisierung" gegeben, welche sich durch eine Beeinträchtigung der eigenen Lebensfreude, vielfältiger Gefühle des Verlustes eigener Sicherheiten und durch eine „Mitgefühlserschöpfung" der Fachkräfte bemerkbar macht (Weiß, 2016, S. 208ff). Die Wechselwirkungen hier sind gravierend für beide Seiten: Eine erschöpfte Fachkraft kann dem/ der Klient*in nicht mehr in geeigneter hilfreicher Weise zur Verfügung stehen. Bei Fachkräften können durch das Mitschwingen mit Klient*innen und Assoziationen Symptome einer Posttraumatischen Belastungsstörung wie Albträume, Ängste, Schreckhaftigkeit, Gefühle von Kontrollverlust auftreten, ohne dass es erklärende eigene belastende Ereignisse gibt (Hantke & Görges, 2019, S. 46f.). Als hilfreich und notwendig wird hier eine bewusste achtsame und sinnliche Wahrnehmung im Hier und Jetzt und die Reflexion und Einordnung der eigenen Gefühle und des Gegenübers genannt, bevor eine konkrete Kontaktaufnahme zu Klient*innen, Begrenzungen und auch Handlungen der Selbstfürsorge erfolgen (ebd., S. 49f.).

Eine weitere Wechselwirkung zwischen Heilpädagog*innen in der Rolle der Helfer*innen und Klient*innen in der Rolle von „Hilfeempfänger" geschieht durch das Erleben von Macht und Ohnmacht (Pfeiffer-Schaupp, 2010, S. 113). Tief verwurzelte schwierige Gefühle der Übertragung und Gegenübertragung können geschehen und sich in Ablehnung und Feindseligkeit der Klient*innen und in der Folge dann in aggressiven und widerwilligen Gefühlen der Fachkräfte niederschlagen. Für einen reflektierten Umgang mit diesen starken und schwierigen

Gefühlen kann zur Spannungsregulation eine Gehmeditation (siehe Anhang 4) und das bewusste Annehmen auch der beiderseitigen extremen Gefühle hilfreich sein (ebd., S. 113f.).

5.1.4 Paradigmenwechsel von Selbstwertgefühl zu Selbstmitgefühl

Die heilpädagogische Zielplanung kann durch eine achtsame Haltung eine neue Ausrichtung zu Recovery-Prozessen erhalten, die anstatt der Steigerung des Selbstwertes der Klient*innen die Steigerung des Selbstmitgefühls in den Vordergrund stellt. Gerade für das Klientel in der Heilpädagogik, welches sich mit psychischen, geistigen oder körperlichen Beeinträchtigungen arrangieren müssen, bietet dieser Paradigmenwechsel eine entlastende Abkehr vom Leistungsdenken (dem viele ohnehin nicht gerecht werden können oder wollen) und eine Hinwendung zur Wertschätzung und Annahme der eigenen Person unabhängig von äußeren Bewertungen, Umständen und Einflüssen.

Das Erleben des Selbstwertgefühls speist sich meist aus den eigenen Kompetenzzuschreibungen in relevanten Bereichen (Neff, 2012, S. 180f.). Das eigene Selbstwertgefühl ist zudem in hohem Maße von Urteilen anderer und von eigenen Erfolgen abhängig und eignet sich von daher weniger für die Arbeit mit Menschen, die aufgrund einer brüchigen Biografie mit einem instabilen und verletzlichen Selbstbild leben (Knuf, 2016a, S. 7).

Mit Selbstmitgefühl ist die „Fähigkeit und innere Bereitschaft, sich selbst auch in schwierigen Situationen mit einer freundlichen, wohlwollenden, annehmenden und liebevollen Haltung zu begegnen" gemeint (ebd., S. 6). Die achtsame Haltung der nicht-wertenden und akzeptierenden Wahrnehmung kann dabei helfen, sich überhaupt für eigene Empfindungen und Gefühle zu öffnen, ohne sich zu be- oder verurteilen. Es gibt ein eigenes Achtsamkeitskonzept zum Aufbau von Mitgefühl und Selbstmitgefühl, welches ähnlich wie ein MBSR-Kurs in Form von einem achtwöchigem Gruppenangebot durchgeführt wird, den sogenannten MBCL-Kurs (Mindfulness-Based Compassionate Living) (Brink & Koster, 2012, S. 11ff.). Knuf betont, wie bedeutsam es für den Aufbau von Mitgefühl ist, dass eine professionelle Begleitung und damit ein Lernen am Modell stattfinden kann, indem Fachkräfte einen mitfühlenden Umgang mit sich selbst und mit anderen kultivieren und teilen (2016a, S. 7). Durch eine Haltung, die durch Selbstmitgefühl geprägt ist, vertieft sich die grundsätzlich menschliche Erfahrung, dass alle Menschen Stärken und Schwächen haben und Menschen nicht durch ihre Erfolge oder Misserfolge zu definieren sind. Gerade in Momenten des Lebens, in denen das Selbstwertgefühl durch Krisen und persönliche Misserfolge leidet, kann insbesondere das Selbstmitgefühl helfen, sich selbst versöhnlich annehmen zu können (Neff, 2012, S. 200f.).

5.2 Bedeutung der Achtsamkeit für die Selbstsorge der Fachkräfte

Für die Professionellen selbst kann eine Achtsamkeitspraxis einen persönlichen Weg zur eigenen Selbstsorge bieten. Selbstsorge wird als „positiver Gegenbegriff zu Burnout" (Gussone & Schiepek, 2000, S. 107) definiert. Die Selbstsorge wird, in Anlehnung an den französischen Philosophen und Psychologen Foucault, verstanden als Ausrichtung einer selbstbestimmten Haltung und eines Verhaltens eines Menschen, der sich in der Lebensgestaltung nicht an fremden Normen und Vorstellungen orientieren, sondern eine eigene individuelle „ästhetische" Form finden soll (ebd., S. 108). Selbstsorge ist dabei sehr wohl auf das eigene Sein bezogen, befähigt aber in ihrer Ausgestaltung zu einer Beziehung zu anderen und zur Einnahme eines gesellschaftlichen sozialen Platzes, beispielsweise auch in der Pädagogik (ebd., S. 126f.).

Selbstfürsorge hingegen ist die „Fähigkeit, mit sich gut umzugehen, zu sich selbst gut zu sein, sich zu schützen (…), die eigenen Bedürfnisse zu berücksichtigen, Belastungen richtig einzuschätzen, sich nicht zu überfordern oder sensibel auf Überforderungen zu bleiben" (Küchenhoff, 1999, S. 151). Eine so verstandene Selbstfürsorge kann für diese Arbeit als ein Teil der Selbstsorge verstanden werden. Dies ist der Anteil, welche Fachkräfte eigenständig leisten können, um sich vor Überlastungen selbstwirksam zu schützen. Die eigene Selbstsorge im Sinne einer Selbstfürsorge zu betreiben wird innerhalb der Heilpädagogik für Professionelle fachlich explizit gefordert, da der Erhalt einer seelischen und körperlichen Stabilität in einem direkten Zusammenhang mit der professionellen und verantwortungsbewussten Handlungsfähigkeit erkannt wird (Greving & Ondracek, 2020, S. 110). Besonders in der Arbeit mit traumatisierten Menschen ist die Selbstfürsorge zentral, erhält aber in der aktuellen professionellen Diskussion zu wenig Wichtigkeit (Weiß, 2016, S. 224). Je belastender die beruflichen Situationen sind, desto wichtiger wird eine gesunde Selbstfürsorge. Nur so kann die Qualität und die Wirksamkeit beispielsweise der professionellen Beziehungsgestaltung durch eine authentischen Aufmerksamkeit, bedingungslose Akzeptanz und Empathie gewährleistet werden (Brink & Koster, 2013, S. 219).

Belastungen gerade innerhalb der heilpädagogischen Tätigkeit können vielfältig sein: es sind die Themen und Leiderfahrungen der Klient*innen selbst und die Erfordernisse der Begleitung von Menschen in schweren Krisen; zusätzlich können die institutionellen Rahmenbedingungen der Arbeitsstätten auch selbst als Stressoren wirken und die Berufsausübung belasten. Selbstsorge kann helfen, mit diesen Belastungen umzugehen. In den folgenden Ausführungen soll dieses breite Feld abgeschritten werden. Die Themen der typischen berufsspezifischen Belastungen, der Gesunderhaltung und des Umgangs mit Stress sind notwendige theoretische Grundlagen für alle weiteren Gedanken und werden ausführlicher behandelt.

5.2.1 Typische psychosoziale Belastungen von Heilpädagog*innen

Charakteristisch für die Arbeit im psychosozialen Bereich sind hohe persönliche Anforderungen an Mitarbeiter*innen, an ihre Werte, Haltungen, an Empathie, Engagement, Verantwortungsbereitschaft, an die Kompetenz, sich auf Menschen einzulassen, die in verschiedensten menschlichen Krisen stecken, an die Fähigkeit, Grenzen zu setzen und dieses Geschehen auch reflektieren, erarbeiten und ausgleichen zu können (Lauterbach, 2015, S. 153). Trotz dieser hohen Ansprüche an Professionelle existieren nur knappe finanzielle und personelle Ressourcen, die zur Verkürzung der zeitlichen Kapazitäten im Kontakt mit Klient*innen und schließlich zu Erschöpfung von Mitarbeiter*innen führen können (ebd., S. 152). Es entsteht ein Qualitätsdruck, gute Leistungen zu bringen unter dem Motto „More for less" (Speck, 2008,

S. 39). Unter den derzeitigen belastenden Rahmenbedingungen sind zudem neben einem Leistungsdruck, der zeitliche Druck, zunehmende Anforderungen an Dokumentationspflichten, ein Innovationsdruck, Erfordernisse an Qualitätsmessungen und unsichere Arbeitsverhältnisse zu nennen (Hantke & Görges, 2019, S. 13).

Eine spezifische Schwierigkeit liegt häufig auch in der Motivation der Professionellen selbst: Der Beruf wurde gewählt, nicht nur um Geld zu verdienen, sondern aus überzeugten sozialen Gründen, „um die Welt ein klein wenig besser zu machen", indem die eigene Beziehungsfähigkeit, das Mitgefühl und die Mitmenschlichkeit eingesetzt wird, um anderen Menschen Zuneigung, Anerkennung, Mut, Werte und Bindungserfahrungen zu ermöglichen (ebd., S. 12f.). Diese zutiefst persönliche Einbindung und Verantwortungsübernahme erschwert es, sich gegen ein Übermaß an Mehrarbeit und widrige Rahmenbedingungen abzugrenzen und bei Überlastung zur Wehr zu setzen (ebd., S. 13). Hier sei auf Schmidbauer verwiesen, der sich durch den Begriff des „Helfersyndroms" einen Namen gemacht hat. Charakteristisch für das „Helfer-Syndrom" ist „die zur Persönlichkeitsstruktur gewordene Unfähigkeit, eigene Gefühle und Bedürfnisse zu äußern, verbunden mit einer scheinbar omnipotenten, unangreifbaren Fassade im Bereich der sozialen Dienstleistungen" (Schmidbauer, 2013, S. 15). Eigene Schwäche, Hilflosigkeit und emotionale Probleme können aufgrund eigener narzisstischen Kränkungen nicht ins Selbstbild integriert werden und werden häufig geleugnet (ebd., S. 16f.). Schmidbauer erläutert, dass Helfer*innen, die er auch als „hilflose Helfer" bezeichnet, die Rolle der „Gebenden, Mächtigen, Verstehenden" so stark verinnerlichen, dass das Ideal der Selbstlosigkeit das ganze Leben bestimme (Schmidbauer, 1994, S. 22). Ohne bewusste Selbstreflexion birgt die Professionalisierung dieser Nächstenliebe eine Gefahr der emotionalen Überforderung, insbesondere wenn die Motive der Berufswahl im eigenen unbewussten Gefühl, zu wenig Liebe erhalten zu haben und dies im Beruf kompensieren zu wollen, liegen (ebd., S. 25). Diese Wünsche bleiben unerfüllt, da sie nicht mit „bedingungsloser Dankbarkeit" durch die Klienten gestillt werden (ebd., S. 101). Erklärte Ziele der Heilpädagogik wie Förderung der Selbstbestimmung und größtmögliche gleichberechtigte Teilhabe sowie die Hilfe zur Selbsthilfe lassen

sich mit diesem drängendem unreflektierten Wunsch nach emotionalem Austausch ebenso schwer vereinen.
Pfeifer-Schaupp wagt es, trotz der Auseinandersetzung mit dem Phänomen des „Helfer-Syndroms", die positiven Seiten der helfenden Berufe zu beschreiben: Mitgefühl darf praktiziert werden, es finden echte Begegnungen mit Menschen statt und das Privileg des eigenen Lernens und des eigenen Wachstums kann und darf im Kontext des Berufes erfahren werden (2010, S. 75). Auch Lauterbach betont die Chancen, die in der meist biografisch bedingter Grundmotivation für die Berufswahl liegen: eine tiefe Sinnhaftigkeit und ein Erleben von Stimmigkeit im eigenen Leben kann durch den Beruf erfahren werden. Wenn dieses positive Grundgefühl auch im sozialen Umfeld (wie am Arbeitsplatz) durch transparente Kommunikation eine reflektierte Passung erhält, kann dies zu einem ressourcenorientierten und gesundheitsförderlichen Weg führen (2015, S. 28 ff.). Wenn aber heilpädagogische Mitarbeiter*innen unter schwierigen äußeren Rahmenbedingungen keinen Zugang zur Entwicklung ihrer Stimmigkeit erfahren und schließlich unter Stress und Erschöpfung leiden, können sie ihren zentralen heilpädagogischen Aufgaben der Begleitung, Beratung und Förderung und der Pflege der heilpädagogischen Beziehung im Kontakt mit Klient*innen nicht mehr gerecht werden.

5.2.2 Umgang mit Belastungen und Stress

Stress wird in verschiedenen Fachdisziplinen unterschiedlich und teilweise „inflationär" und „schillernd" verwendet (Kaluza, 2018, S. 15). Eine greifbare Definition findet man bei Franzkowiak und Franke, die Stress als einen „Zustand des Ungleichgewichts" bezeichnen und den Begriff der „Stressbewältigung" unabdingbar dazunehmen (2018, o. S.). Wenn eine für den Menschen als wichtig eingeschätzte Situation als herausfordernde Belastung wahrgenommen wird, umfassen alle Reaktionen, und Aktionen, die der der Anpassungsleistung und der Bewältigung dieser Herausforderung dienen, die Stressbewältigung. Für diese Anstrengung können persönliche Mittel, Fähigkeiten und Grenzen überschritten werden, ebenso kann das Stresserleben mit Erfahrungen potentiellem oder realem Verlust der Handlungskontrolle und in der Folge mit intensiven negativen Emotionen und noch verstärkteren Anstrengungsbemühungen verbunden sein (ebd., o. S.).

Zur Differenzierung des Stressphänomens werden in einem akutem Stressgeschehen drei Aspekte unterschieden:
1. die Ebene der Stressoren, der äußeren, belastenden Situationen,
2. die Ebene der Stressreaktionen, der körperlichen und psychischen Reaktionen auf diese Belastungen und
3. die Ebene der persönlichen Stressverstärker, wie persönliche Motive, Einstellungen und Bewertungen (Ungeduld, Perfektionismus, Kontrollstreben, Einzelkämpfertum, Selbstüberforderung) (Kaluza, 2018, S. 16ff.).

Stress kann sich auf unterschiedliche Weise auf Körper und Psyche auswirken. Verschiedene Stresssymptome lassen sich in der Statistik der Umfrage von Forsa (Gesellschaft für Sozialforschung und statistische Analysen) von 2007 in Abbildung 4 ablesen.

Dass die in der Umfrage am häufigsten genannten Symptome wie Gereiztheit, Konzentrationsstörungen und Nervosität einer empathischen Grundhaltung, wie sie in der heilpädagogischen Beziehungsgestaltung erforderlich und sinnhaft sind, diametral entgegenwirken können, liegt auf der Hand.

5.2 Bedeutung der Achtsamkeit für die Selbstsorge der Fachkräfte

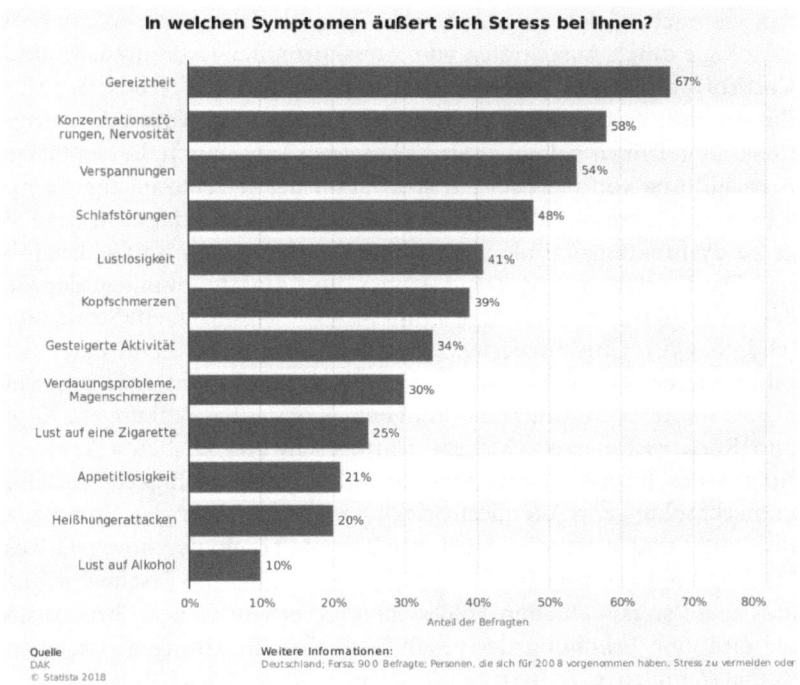

Abb. 4: Statistische Erfassung von Stresssymptomen
(Statista Research Department/ DAK, 2007, o. S.)

Eine akute Stressreaktion des Organismus gleicht physiologisch der Aktivierung einer „unspezifischen Notfallreaktionen", in der Kräfte mobilisiert werden, um eine schwierige Gefahrensituation durch eine Kampf- oder Fluchtreaktion zu meistern. Es kommt unter anderem zu einer verstärkten Gehirndurchblutung, zur Atembeschleunigung, Erhöhung der Muskelspannung, Erhöhung des Blutdrucks, zur Bereitstellung von Zucker- und Fettreserven des Körpers, zur kurzfristigen Erhöhung der Schmerztoleranz, zur kurzfristigen erhöhten Immunabwehr und zur geringeren Durchblutung der Genitalien (Kaluza, 2018, S. 18f.). Die Stressreaktion wird durch ein komplexes Zusammenspiel des zentralen und vegetativen Nervensystem sowie dem Hormonsystem gesteuert, gleichzeitig aber wirkt sie nach Erkenntnissen der Neurobiologie durch Ausschütten von Stresshormonen (Noradrenalin und Cortisol) direkt auf neuronale Verschaltungen ein (ebd., S. 22ff.). Kurzfristiger Stress führt nachweislich zu einer sinnvollen Leistungssteigerung. Langanhaltender Stress hingegen kann durch die verstärkte Ausschüttung von Cortisol zur Reduktion der Rezeptoren für Neurotransmitter (Serotonin, Dopamin, Noradrenalin) und damit in der Folge zu dysfunktionalen biochemischen Veränderungen im Gehirn führen. Die Entstehung von Depressionen und Einschränkungen der Gedächtnisfunktionen können das Ergebnis von chronischem Stress sein (ebd., S. 25f.). Chronifizierter, langanhaltender Stress kann eine Vielzahl weiterer ernster Erkrankungen nach sich ziehen; hier seien nur einige erwähnt: Tinnitus, Hörsturz, Herz- Kreislauferkrankungen, Kopf- und Rückenschmerzen, Magen- Darmgeschwüre, Diabetes, Veränderungen des Immunsystems wie verstärkte Infektanfälligkeit, Autoimmunerkrankungen, Allergieentwicklung, Zyklusstörungen, Impotenz, Infertilität und letztendlich auch der Burnout als ein psychovegetatives Erschöpfungssyndrom (ebd., S. 33ff.). Eine zusätzliche Erschwernis ist, dass diese stressbedingten Folgesymptome erneut weitere Stressauslöser und eine Erhöhung der gesundheitlichen Belastungen darstellen (Kabat-Zinn, 2019, S. 306).

Chronischer Stress im Arbeitsleben entsteht nicht nur durch unzureichende individuelle Stressbewältigung, sondern erwiesenermaßen auch durch vielfältige strukturelle Arbeitsbedingungen, die als Belastungen gelten: durch Arbeitsüberlastung, Mangel an Kontrolle, unzureichende Belohnung (Bezahlung, Wertschätzung), Zusammenbruch der Gemeinschaft, Fehlen von Fairness und widersprüchliche Werte (Kaluza, 2018, S. 41).

Stresserleben im beruflichen Kontext psychosozialer Berufe ist demnach in der Regel systemimmanent, da die äußeren Rahmenbedingungen als längerfristige Stressoren gelten können. Eine konstruktive und gesundheitsförderliche Bewältigung dieser an sich schon herausfordernden und belastenden Situation ist demnach elementar, um ein chronifiziertes Stressgeschehen zu vermeiden.

Dennoch ist jedes Stressgeschehen und jede Bewertung einer Situation sehr individuell verschieden. Wichtig ist, dass zwei Bewertungsprozesse auf Umweltreize und Anforderungen stattfinden: Ist der Auslöser stressrelevant? Falls ja, kann er durch eigene Ressourcen bewältigt werden? Die eigentliche Stressreaktion erfolgt demnach nicht nach objektiven Kriterien, sondern erst, nachdem eine subjektive verneinende Bewertung dieser letzten Frage des Individuums stattgefunden hat. Abbildung 5 verdeutlicht, in wie vielschichtigen Prozessen Stressreaktionen entstehen.

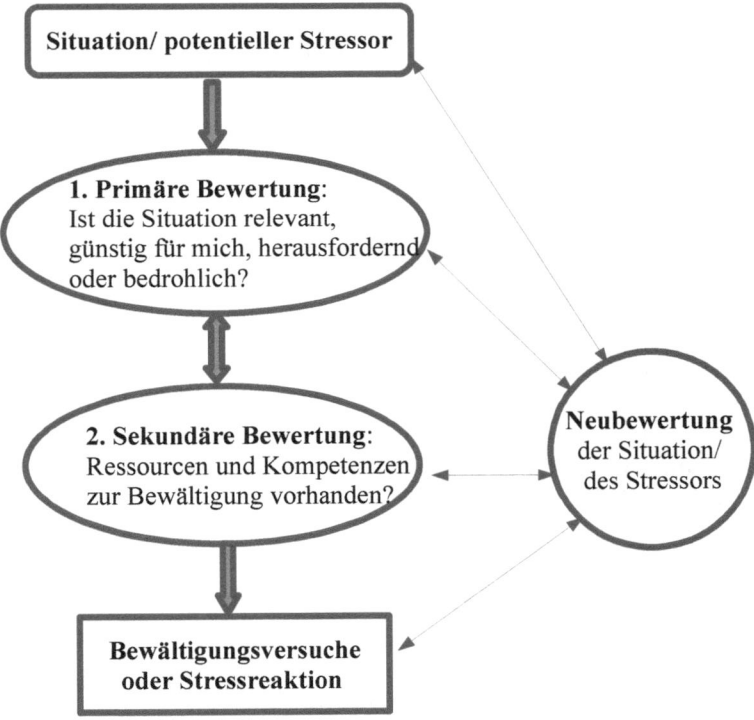

Abb. 5: Transaktionales Stressmodell
(eigene Darstellung in Anlehnung an Kaluza, 2018)

Genau hier setzen Methoden der Achtsamkeit im Umgang mit Stress an: Durch Übungen der eigenen Wahrnehmung und Sensibilität kann ein Prozess der bewussten Reflexion in Gang gesetzt, so dass zu einem rechtzeitigen Zeitpunkt destruktive Denk- und Handlungsprozesse unterbrochen und Strategien zur Bewältigung erlernt und eingesetzt werden (siehe auch Abbildung 2). Eine Stressreaktion verläuft in der Regel unbewusst und automatisiert, aber durch das bewusste Innehalten und Gewahrsein der spezifischen Dynamik der Gedanken, Gefühle und Empfindungen erhält dieser Prozess eine innere Kompetenzerweiterung, bevor eine Entscheidung für eine Handlung geschieht (Kabat-Zinn, 2019, S. 320). Kabat-Zinn spricht vom „Pausieren des Geschehens" und empfiehlt in einer konkreten Stresssituation eine Fokussierung auf den Atem und den Körper (ebd., S. 323f.). Die Praxis der Achtsamkeit und des Selbstmitgefühls werden als geeignete Methoden erachtet, um Stress in sozialen Berufen besser auf der Ebene des Körpers und der Gefühle bewusst wahrzunehmen, auszugleichen und negative Emotionen so regulieren zu können, so dass das Erregungsniveau gesenkt werden kann. Dadurch kann eine emotionalen Stabilität entwickelt werden, was die Kompetenzen zur Stressbewältigung wiederum erhöht (Jenni, 2016, S. 257f.).

Eine individuumsbezogene Strategie der Stressbewältigung reicht jedoch bei institutionellem arbeitsbezogenem Stress in der Regel nicht aus, notwendig sind auch strukturelle betriebliche Veränderungen, die der gesundheitsförderlichen Gestaltung von Arbeitsabläufen und der Förderung eines sozial-kommunikativem Führungsstils dienen und an den äußeren Belastungen selbst ansetzen (Kaluza, 2018, S. 41f.).

5.2.3 Gesunderhaltung und professionelle Tätigkeit

Zur Definition von „Gesundheit" existieren das pathogenetische und das salutogenetische Modell. In diesen Modellen gibt es grundsätzlich verschiedene Annahmen über das Verhältnis von Gesundheit und Krankheit zueinander. Die Pathogenese betrachtet „Gesundheit" als den Normalfall und „Krankheit" als einen davon abweichenden Zustand. Das Modell der Salutogenese, welches aufgrund der Arbeiten von Antonovsky entstanden ist, entwirft dagegen das Bild eines gemeinsamen mehrfaktoriellen Kontinuums, in welchem Gesundheit und Krankheit zwei Pole der gegenüberliegenden Enden darstellen

(Franke, 2015, o. S.). Nach dem pathogenetischen Modell ist man demnach entweder gesund oder krank. Nach dem Verständnis des salutogenetischen Modells beschreibt man sich als eher krank oder eher gesund – je nachdem, in welcher Nähe zu welchem Pol des Kontinuums man sich aktuell befindet (ebd., o. S.). Im Kontext dieser Arbeit soll es um die Erhaltung von Gesundheit im beruflichen Kontext gehen. Demzufolge bietet die Salutogenese ein perspektivisch passendes Modell, da hier Prozesse und erfolgreiche Strategien erforscht werden, welche die Gesundheit nachweislich erhalten und fördern (ebd., o. S.). Abbildung 6 verdeutlicht, dass die Übergänge von Krankheit und Gesundheit fließend sind und vom Individuum selbst erlebt und beschritten werden.

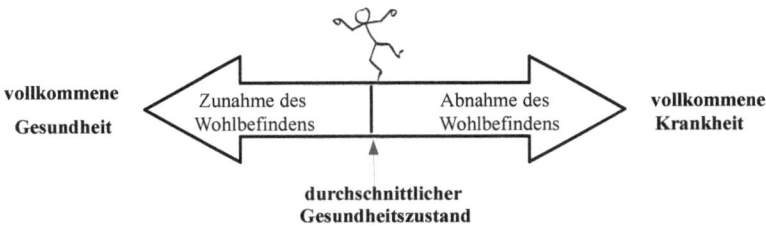

Abb. 6: Kontinuum von Gesundheit und Krankheit

(eigene Darstellung nach Hurrelmann, 2010)

Was entscheidet nun, ob der Weg eher zum Pol der Gesundheit oder zum Pol der Krankheit führt? Als zentrale Wirkfaktoren werden sogenannte generalisierte Widerstandsressourcen betrachtet, welche einen konstruktiven Umgang mit Stressoren ermöglichen. Generalisierte Widerstandsressourcen können sowohl im Individuum selbst als auch im Umfeld und in der Gesellschaft existieren. Stressoren können bewältigt werden, wenn ausreichend Widerstandsressourcen vorhanden sind, so dass die Gesundheit nicht geschädigt wird und keine Erfahrung des Ausgeliefertseins entsteht (ebd., o. S.).

Das Modell von Antonovsky prägte diesbezüglich den Begriff des „Kohärenzgefühls", was zu beschreiben ist mit der grundsätzlichen Hal-

tung der Stimmigkeit und Überzeugung einer Person, dass das eigene Leben sinnvoll und eigener Investitionen wert ist und dass man auch schwierige Herausforderungen verstehen und mit den eigenen vorhandenen Ressourcen meistern kann (Bengel & Lyssenko, 2012, S. 16). Drei Komponenten prägen somit das Kohärenzgefühl:
1. das Gefühl der Verstehbarkeit (sense of comprehensibility) als das kognitive Verarbeitungsmuster
2. das Gefühl der Handhabbarkeit und Bewältigbarkeit von Schwierigkeiten (sense of manageability) als das kognitiv-emotionale Verarbeitungsmuster
3. das Gefühl von Sinnhaftigkeit und Bedeutsamkeit (sense of meaningfulness) als motivationale Komponente, das Leben als sinnvoll zu betrachten
(ebd., S. 16).

Dass das Kohärenzgefühl mit einem positiven Gesundheitszustand korreliert, wurde inzwischen in zahlreichen Studien insbesondere für die psychische und psychosomatische Gesundheit bestätigt (Franke, 2015, o. S.). Durch den Aufbau des Kohärenzgefühls bildet sich ein Vertrauen in eigene Fähigkeiten aus im Sinne der eigenen Selbstwirksamkeit. Auf die bedeutsame persönliche Erfahrung von Stimmigkeit im Sinne der Sinnhaftigkeit der eigenen Arbeit wurde in Kapitel 5.2.1 schon hingewiesen (Lauterbach, 2015, S. 30f.). Antonovsky schätzte das Gefühl der Sinnhaftigkeit sogar als wichtigsten Bestandteil des Kohärenzgefühls ein (Bengel & Lyssenko, 2012, S. 17). Nach Franke führt ein ausgeprägtes Kohärenzgefühl nicht nur zu einer besseren Stressbewältigung, sondern auch zum Erschließen und Nutzen von weiteren gesundheitsförderlichen Ressourcen wie Humor, Optimismus, Genussfähigkeit und die Fähigkeit zu verzeihen (Franke, 2015, o. S.).

Durch Studien (siehe Kapitel 3.4) ist vielfach belegt, dass Achtsamkeit helfen kann, eine ausgeglichene Haltung einzuüben, eine gesunde Emotions- und Stressregulierung aufzubauen. Durch die Vergrößerung der eigenen bewussten Wahrnehmung können sich Widerstandskräfte und das Kohärenzgefühl verbessern. Achtsamkeit als psychosoziale Intervention wurde von Weissbecker et. al. erforscht und in seiner positiven Auswirkung auf das Kohärenzgefühl bestätigt (2002, S. 305). Gerade die „handhabbaren", konkreten Strategien zur Stressbewältigung und die eigenen Erfahrungen der inneren Verbindung zu sich und der Umwelt sind Anknüpfungspunkte an das Konzept des Kohärenzgefühls.

Hervorzuheben ist hier die Vorbildrolle, welche professionelle Mitarbeiter*innen für Klient*innen in der Heilpädagogik sowohl in der Behindertenhilfe als auch in der Beratung und Jugendhilfe häufig innehaben. Fragen nach gesundheitsförderlichen und stressreduzierenden Strategien sind häufig auch Themen der Klient*innen. Die aktive eigene Gesunderhaltung und Selbstsorge hat dadurch einen besonderen Einfluss auf die Gesundheit und das gesundheitsförderliche Verhalten von Klient*innen (Lauterbach, 2015, S. 12f. und Gussone & Schiepek, 2000, S. 141).

5.2.4 Achtsamkeitspraxis für die eigenverantwortliche Psychohygiene

Unter Psychohygiene wird der Erhalt und die Pflege der psychischen Gesundheit verstanden, praktiziert durch Lebensgewohnheiten und Verhaltensweisen, die helfen, mit Belastungen umzugehen und die als „tägliche Pflegeeinheiten für die Seele" wirken (Öffentliches Gesundheitsportal Österreichs, 2020, o. S.).

An dieser Stelle soll die Geeignetheit und Praktikabilität der Achtsamkeit für Professionelle im Feld der Heilpädagogik beleuchtet werden. Der Aufbau einer Achtsamkeitspraxis wird aufgrund ihrer wissenschaftlichen und evidenzbasierten Ausrichtung als seriöser Weg für die persönliche Psychohygiene und Gesundheitsförderung betrachtet und vielfältig empfohlen (Baer, 2003, S. 138 und Ott, S. 164ff.). Insbesondere der einfache Zugang und die Möglichkeit, formelle und informelle Übungen ohne Hilfsmittel und ohne fremde Anleitung in den Alltag einzubauen, ermöglichen einen unkomplizierten und schnellen „Einsatz" erlernter Stressbewältigungstechniken (Jenni, 2016a, S. 257). Beispiele dafür sind kurze Atempausen und das bewusste Ausrichten der eigenen Wahrnehmung auf den Atem, Körperempfindungen, Gedanken und Gefühle, für die man nur kleinste „Zeitinseln" benötigt (Jenni, 2016b, S. 15f.). Die wissenschaftliche Fundierung und die Einfachheit in der Anwendung sprechen für eine Geeignetheit der Achtsamkeit zur persönlichen Psychohygiene. Zur vertiefenden Selbstreflexion und

Selbstevaluation, welche in der Sozialen Arbeit gefordert ist, wird die Achtsamkeit als ein wertvolles und professionelles methodisches Instrument der Psychohygiene betrachtet (Lützenkirchen, 2004, S. 35).

Die Frage, wie Mitarbeitende eine Achtsamkeitspraxis erlernen sollen oder können, ist schwieriger zu beantworten. Eine Teilnahme an einem MBSR-Kurs nimmt viel Zeit in Anspruch und kann durch Arbeiten im Schichtdienst erschwert sein und eine zusätzliche Belastung bedeuten. Insbesondere für die Zeitknappheit Berufstätiger liefert eine Studie bezüglich eines appbasierten Angebots zum Erlernen der Achtsamkeitspraxis aufschlussreiche Ergebnisse: Nach der Nutzungszeit von zwei Wochen der App wiesen die Teilnehmer*innen bereits signifikante Verbesserungen in den Bereichen Aufbau von Achtsamkeit und Abbau von emotionaler Erschöpfung auf (Möltner, Leve & Esch, 2018, S. 298f.). Auch in den Variablen Arbeitsengagement, Arbeitszufriedenheit, Innovation und Kreativität und in der Selbstwirksamkeit wurden positive Effekte festgestellt (ebd., S. 299). Der Einsatz durch ein appbasiertes Angebot ist zeitlich selbst bestimmbar und örtlich flexibel abrufbar, das erleichtert den Zugang für Berufstätige (ebd., S. 297).

Auch die positiv belegten Ergebnisse der Wirksamkeit auf hirnorganische Stressabläufe regelmäßiger Kurzzeitmeditationen belegen, dass auch mit wenig Zeit ein großer Erfolg erzielt werden kann. Eine verbesserte Aufmerksamkeit, Verbesserung der emotionalen Befindlichkeit, Abbau von Erschöpfung, ein niedrigerer Wert des Stresshormons Cortisol sowie eine verbesserter Immunreaktivität konnten bereits nach 20-minütigen Kurzmeditationen an fünf Tagen der Woche nachgewiesen werden (Tang et al., 2007, S. 17153f.).

Eine weitere Möglichkeit zum Erlernen der Achtsamkeit ist ein Selbststudium ohne Teilnahme an einem ausgewiesenem MBSR-Kurs. Hierfür gibt es das Kursprogramm in Buchform, ergänzt mit konkreten Meditationsübungen in Audioversionen auf CD, jedoch ist dafür ein hohes Maß an Selbstdisziplin, Eigenmotivation und eine ausreichende psychische Stabilität nötig (Schneider, 2012, S. 11f.).

Achtsamkeit ist demnach auf mehreren Wegen zu erlernen und somit durchaus als praktikabel in einem vollen Berufsleben zu betrachten. Die Achtsamkeit kann *ein* Weg der Psychohygiene sein. Festgestellt wird, dass es verschiedene, individuelle Wege nebeneinander gibt, die Menschen guttun, um sich zu regenerieren, dies ist abhängig von persönlichen Vorlieben (Greving & Ondracek, 2020, S. 110).

5.2.5 Kritische Gedanken zur Selbstsorge im Arbeitskontext

Der Aufruf zur Selbstsorge im Arbeitskontext droht zu einer neuen Arbeitsanforderung zu werden, abgewälzt auf Schultern der einzelnen Mitarbeitenden. Arbeitgebende und Institutionen bieten im Sinne eines Gesundheitsmanagements zunehmend Kurse zu Burnout-Prophylaxe, Entspannung, Yoga und themenspezifische Fortbildungen für Mitarbeitende an, verändern aber wenig an den beschriebenen Rahmenbedingungen selbst. Die Fürsorge und Verantwortung der Gesunderhaltung sollte als Basis für jede psychosoziale Arbeit wertgeschätzt und arbeitsvertraglich festgelegt werden (Hantke & Görges, 2019, S. 16). Selbstsorge scheint die passende Antwort in unserer „deregulierten, globalisierten und privatisierten Welt des Marktes" (Reichenbach, S. 198) zu sein. Der von der Idee her grundsätzlich ganzheitliche und durchaus gesellschaftskritische Gedanke der Selbstsorge im Sinne der Entgegnung einer Fremdbestimmung droht zu verfallen und zur Selbstoptimierung für die Anpassung an widrige Umstände zweckentfremdet zu werden (ebd., S. 198). Da eine Ausrichtung der Arbeitsbedingungen an Selbstsorge und Gesundheit der Mitarbeitenden aber noch kein Standard ist, sind tatsächlich die einzelnen Mitarbeitende selbst verantwortlich, diese Themen für sich festzulegen, Selbstsorge und Selbstfürsorge zu praktizieren, aber dies ebenfalls nach außen in verantwortliche unternehmerische und politische Netzwerke zu kommunizieren (Hantke & Görges, 2019, S. 16f.).

6. Transfer der Achtsamkeit in das heilpädagogische Arbeitsfeld

Aus den bisherigen Ausführungen ableitend, ist für alle Arbeitsfelder und Aufgabenbereiche innerhalb der Heilpädagogik der Aufbau und die Pflege einer achtsamen Haltung und die Wahrnehmung sich selbst und anderen gegenüber für die Kontaktgestaltung entscheidend. Praxisbezüge verschiedener Aspekte der Achtsamkeit sollen hier in Ansätzen für einzelne Bereiche exemplarisch dargestellt werden, um eine Idee für Umsetzungsmöglichkeiten zu erhalten.

6.1 Achtsame Kommunikation

Kommunikation kann durch den lateinischen Begriff „communicatio" mit der Übersetzung „Mitteilung" hergeleitet werden. Kommunikation bedeutet eine zwischenmenschliche Verständigung mithilfe von Zeichen und Sprache und beinhaltet verbale und nonverbale Elemente (Dudenredaktion, o. J., o. S.). Eine achtsame Kommunikationsgestaltung greift in alle Arbeitsbereiche, insbesondere in die Gesprächsführung mit Klient*innen, Familienangehörigen, Mitarbeiter*innen und Netzwerkpartner*innen.

Achtsame Kommunikation zeichnet sich zunächst aus durch eine bewusste und freundlich gesinnte Wahrnehmung und Begrüßung des Gegenübers. Wesentlich ist dann ein fokussiertes, achtsames, verständnisvolles und nicht-wertendes Zuhören mit ungeteilter Aufmerksamkeit. Auf ein Zuhören soll „liebevolles Sprechen" folgen (Hanh, 2019, S. 39ff.). „Liebevolles Sprechen" erläutert Hanh mit der „rechten Rede" des Buddhismus, welche aus vier Elementen besteht: 1. Aussprechen der Wahrheit auf annehmende Weise (kein Lügen), 2. keine Übertreibung verwenden, 3. konsequentes Vermeiden von Uneindeutigkeiten und doppelzüngiger Rede (Authentizität bewahren) und 4. das Verwenden einer friedvollen und keiner verletzenden, gewalttätigen Sprache (ebd., S. 48ff.).

Die achtsame Kommunikation spielt in dem wichtigen Bereich der Beratung in der Heilpädagogik und besonders auch im Kommunikationsaufbau mit nicht-sprechenden oder in der Kommunikation eingeschränkten Klient*innen eine große Rolle. Bevor die Kommunikation aufgebaut wird, sind Heilpädag*innen durch eine geschulte achtsame Haltung sensibilisiert, nonverbale Signale und Emotionen des Gegenübers und bei sich wahrzunehmen, so dass eine Passung zum Gesprächspartner gestaltet werden kann. Lützenkirchen bestätigt die inhaltliche Nähe der achtsamen Kommunikation zur personzentrierten Beratung nach Rogers, welche sich durch eine Hervorhebung einer wertschätzenden, akzeptierenden Beziehung und der Authentizität des/ der Berater*in auszeichnet (2004, S. 31). Für den Aufbau einer auf die Person des Gegenüber gerichteten Aufmerksamkeit in der Kommunikation ist die achtsame Grundhaltung eine Grundvoraussetzung, ohne die jede Gesprächsmethode eine „leere Hülse" ohne Wertschätzung bleibt (ebd., S. 32). Um achtsames Sprechen und Zuhören konkret einzuüben, sei an dieser Stelle auf die Übung „Achtsames Sprechen" in Anhang 9 verwiesen.

6.2 Achtsamkeitsübungen mit Klient*innen

Mit Kindern, Jugendlichen, Eltern, Erwachsenen mit Beeinträchtigungen oder seelischer Not und in Beratungskontexten sind Elemente von formellen und informellen Achtsamkeitsübungen je nach Anliegen und Bedarf der Klient*innen denkbar und sinnvoll. Um formelle Meditationsübungen anleiten zu können, bedarf es jedoch einer umfangreichen eigenen Meditationserfahrung und Sicherheit in der methodischen Aufbereitung. MBSR-Kursinhalte werden nur von eigens ausgebildeten MBSR-Lehrer*innen unterrichtet, Lehrkräfte müssen bereits vor ihrer MBSR-Ausbildung über eine eigene Meditationspraxis von zwei Jahren verfügen (MBSR-MBCT-Verband e.V., 2020, o. S.). Informelle Übungen wie gemeinsames achtsames Essen und auch kurze Atem,- und Wahrnehmungsübungen sind jedoch vielfältig auch von heilpädagogischen Fachkräften einsetzbar. In der Arbeit mit Erwachsenen kann das Einüben von kurzen Atemübungen der Entlastung und der Bewältigung von Stresssituationen dienen. Kabat-Zinn beschreibt im Buch „Mit Kindern wachsen" eindrücklich, wie eine gelebte achtsame Haltung mehr Gelassenheit, Freundlichkeit und Authentizität in den Familienalltag und in Fragen der Erziehung bewirken kann (2013, S. 14ff.). Spannungen in Familien können nach Kabat-Zinn durch verlässliche Präsenz, Geduld und eine offenen Haltung der Eltern besser bewältigt werden (ebd., S. 375). Ansatzpunkte für Interventionen und Erziehungsberatungen sind hier vorrangig die Eltern, die sich in Achtsamkeit schulen, um mehr Präsenz und Empathie für ihre Kinder entwickeln zu können. Kabat Zinn bezeichnet die Selbsterkenntnis und das Gewahrsein von Eltern als wichtige elterliche Aufgabe (ebd., S. 376). Diese elterliche Haltungen können insbesondere in der Beratung von Eltern im heilpädagogischen Kontext zum Aufbau von elterlichen Kompetenzen, zur Abkehr unangemessenen Erwartungen an Kinder, zur vergrößerten Annahme des (als schwierig empfundenen) Kindes in seiner individuellen Eigenart und zur Entlastung thematisiert und durch kleine Übungen (Atemübungen, kurze Selbstwahrnehmungsübungen, Reflexionen) angebahnt werden.

Kurze Achtsamkeitsübungen, wenn sie konzeptionell in die heilpädagogische Arbeit mit Kindern eingesetzt werden, können Hilfestellungen bei der Verbesserung von Ängsten, depressiven Symptomatiken, Aufmerksamkeitsstörungen und verschiedener Lernstörungen bieten (Brunsting, 2011, o. S.). Beispiele für angeleitete Achtsamkeitsübungen mit Kindern sind: kürzere Sitz- und Gehmeditationen, informelle Übungen im Alltag wie achtsames Essen, visuelle Hilfen zur Erinnerung an die Achtsamkeit (Armband, Plakate) und „liebevolle Gütemeditationen" mit Formulieren von guten Wünschen als Abschlussrituale (ebd., o. S.).

Der Einsatz von Stille-Übungen und Phantasiereisen mit den Schwerpunkten bewusster Angebote der Sinneswahrnehmungen zu Hören, Sehen, Riechen, Schmecken, Fühlen wird zudem pädagogischen Fachkräften empfohlen, um Aufmerksamkeit, Selbstkontrolle, Entspannung und eine interessierte Lernatmosphäre zu schaffen (Friebel, 2013, S. 1ff.). Beispiele sind: das Lauschen auf Naturgeräusche, das Barfußlaufen auf verschiedenen Materialien, das bewusste Riechen und

Schmecken in gemeinsam zubereiteten Mahlzeiten. Diese Art von Wahrnehmungsschulung führt nach Friebel zu mehr Achtsamkeit und innerer Ruhe (ebd., S. 1), was im Zeitalter der Digitalisierung und vielfacher Ablenkungsmöglichkeiten einen erhöhten Stellenwert gerade für Kinder erhält.

6.3 Achtsame Begleitung von Menschen in Krisensituationen

Krisen stellen extreme Herausforderungen an Menschen dar, bisherige Welt- und Selbstbilder werden erschüttert, bisherige Lösungsstrategien funktionieren nicht mehr und es kommt zu existentiellen Angst- und Ohnmachtsgefühlen. Durch auftretende Stresssymptome ist die Wahrnehmung eingeschränkt und kognitive Funktionen werden blockiert (Diegelmann & Isermann, 2011, S. 13). Im heilpädagogischen Arbeitsfeld tauchen Krisen und Krisenbegleitungen häufig auf im Rahmen einer Diagnoseverarbeitung, im Prozess, die eigene Behinderung oder die eines Familienangehörigen anzunehmen und natürlich im Kontext aller menschlichen Situationen der Klient*innen, die Krisen hervorrufen. Dies können schwere seelische Traumatisierungen durch psychische oder physische Gewalterfahrungen, Verlusterfahrungen, soziale Belastungen, entwicklungsbedingte Krisen in Lebensübergängen und psychische Erkrankungen sein (Weinberger, 2004, S. 147). Insbesondere die Themen von Leid, Trauer und Schmerz erfordern von Helfenden eine offene Haltung und den Abbau eigener Ängste und Schrecken vor diesen schwierigen Themen und den dazugehörigen Emotionen des Lebens (Pfeifer-Schaupp, 2010, S. 133). Hinzu kommt die Notwendigkeit, überhaupt eine Sensibilität für manches Leid aufzubauen und nicht voreilig und gut gemeint im Eifer einer Lösungs- und Ressourcenorientierung das Leid umzudefinieren, bevor es erst akzeptiert wurde (ebd., S. 132).

Um die Rolle der Krisenbegleitung bewältigen zu können, ist somit eine achtsame Wahrnehmung eigener Empfindungen und Grenzen nötig. Dies kann durch ein bewusstes Innehalten geschehen, in welcher in der Stille die eigenen Reaktionen und Bedürfnisse Raum erhalten, ebenso durch besondere Meditationsformen mit dem Schwerpunkt des Mitgefühls (ebd., S. 145). Der Fokus wird auch hier zunächst auf den

Atem gerichtet und dann auf gute Wünsche zunächst für die eigene und im Verlauf auch für weitere Personen (ebd., S. 147).

Durch bedrohliches Angsterleben in der Krise kann der Aufbau von Vertrauen und die Kontaktaufnahme sehr erschwert sein. Buber bezeichnet die Auswirkungen folgendermaßen: „Der Mensch in der Krisis, das ist der Mensch, der seine Sache nicht mehr dem Gespräch anvertraut, weil ihm dessen Voraussetzung, das Vertrauen, verlorengegangen ist" (1993, S. 205). Somit ist der erste wichtige Schritt in der Arbeit mit Menschen in Krisen, Vertrauen zu schaffen, Kontakt herzustellen und eine Beziehung herzustellen. Wenn Klient*innen sich dann verstanden fühlen, ist schon eine erste Krisenintervention erreicht (Kast, 1994, S. 23).

Das Kriseninterventionskonzept BELLA nach Sonneck beinhaltet folgendes: B = Beziehung aufbauen, E= Erfassen der Situation, L= Linderung der Symptome, L= Leute einbinden, die unterstützen können und A=Ansatz der Problembewältigung (Sonneck, Kapusta, Tomandl & Voracek, 2016, S. 106ff.). Die Beziehungsaufnahme wird demnach auch hier als ersten wichtigsten Schritt gewertet, ohne die alle weiteren nicht zustande kommen. Das Erfassen der Situation kann erst erfolgen, wenn das Gegenüber sich in einer vertrauensvollen Gesprächssituation öffnen konnte. Hierfür ist die vielfach beschriebene Präsenz zentral, Fachkräfte können nur als Hilfe wahrgenommen werden, wenn sie sich wirklich im aktuellen Moment offen und empathisch dem Gegenüber zuwenden.

Zum Einschätzen der eigenen Präsenz kann der Einsatz eines sogenannten „Ressourcenbarometers" durchgeführt werden: hier soll bewusst der Kontakt des eigenen Körpers an Berührungspunkten mit Boden, Stuhl, Tisch etc. wahrgenommen und dann die Intensität der Wahrnehmung in einer Skala von 1 bis 10 eingeschätzt werden (Hantke & Görges, 2019 S. 56ff.). Durch die Wahrnehmung der körperlichen Grenzen wird eine Verbindung verschiedener Hirnregionen angeregt und die Einschätzung kann Anhaltspunkte geben, wie gut Körper und Geist im Hier und Jetzt in Kontakt sind. (ebd., S. 57). In der Arbeit mit Menschen in Krisen werden vielfach extreme Spannungen erlebt. Auch hier empfiehlt sich ein kurzer Check des Ressourcenbarometers. Wenn die Einschätzung ungünstig ausfällt, können Anregungen zur Spannungsregulierung (Senkung der Spannung) beispielsweise sein: bewusstes Atmen, bis 10 zählen, etwas trinken, kurze Bewegung, den Körper abklopfen (ebd., S. 74f.).

Krisen bilden Wendepunkte im Leben und bergen Chancen zur vergrößerten Entfaltung der Persönlichkeit durch den Aufbau neuer Kompetenzen und Bewältigungsstrategien in sich (Kast, 1994, S. 11). Krisenbegleitung im heilpädagogischen Kontext dient in diesem Sinne der Förderung der erweiterten Persönlichkeitsentwicklung.

6.4 Achtsame Gestaltung der Vorbereitungszeit

Hier sind nicht die fallspezifisch stattfindenden methodisch-didaktische Vorbereitungen gemeint, sondern die zusätzlichen inneren Vorbereitungen zur Präsenz der Fachkräfte. Diese beginnen mit der persönlichen inneren Einstimmung auf einen Arbeitstag. Der Übergang vom Privat- ins Berufsleben kann beispielsweise durch das bewusste Lenken der Gedanken an schöne Erinnerungen, durch das Verwenden besonderer Gegenstände (andere Kleidung, Arbeitstasche, anderes Handy) und schließlich durch eine kurze Atemübung und ein körperliches Aufrichten vor Arbeitsbeginn (Hantke & Görges, 2019, S. 66ff.) gestaltet werden.

Im heilpädagogischen Alltag gibt es häufig an einem Tag viele verschiedene Kontakte zu unterschiedlichen Personen, die unterschiedliche Bedürfnisse haben. Hier ist es hilfreich, durch kurze geplante Momente der Stille zwischen den Kontakten die Übergänge ganz bewusst zu gestalten, indem im Innehalten ein Besinnen auf die eigenen körperlichen, emotionalen und gedanklichen Wahrnehmungen im Hier und Jetzt erfolgt. Auf diese Weise kann ein Kontakt innerlich verabschiedet und die eigene Aufmerksamkeit bewusst auf neue Klient*innen gerichtet werden. Grundsätzlich wird die Fokussierung auf Dinge und Abläufe, die unseren Alltag ohnehin begleiten, zur kurzen Unterbrechung und zum Innehalten empfohlen: die Wahrnehmung des eigenen Atems, kleine Unterbrechungen in Routine-Abläufen wie Lüften, achtsames Essen und Trinken und kurze Bewegungen (ebd. S. 85ff.). Auch bei beruflichen Telefonaten oder Mails regt Thich Nhat Hanh an, vor der Kontaktaufnahme dreimal bewusst ein- und auszuatmen, um sich auf den gegenwärtigen Kontakt wirklich einzustellen und eine mitfühlende, achtsame Kommunikation aufzubauen (2013, S. 106).

Für die aufsuchende Arbeit, in der häufig völlig neue Orte und private Haushalte von Klient*innen in schwierigen Lagen besucht werden, ist eine innere Vorbereitung besonders wichtig, um nicht emotional überrollt zu werden. Auch hier bietet die Achtsamkeit mit bewusster Fokussierung auf den Atem und auf die Wahrnehmung der Körpergrenzen und den Bodenkontakt Hilfen an. Ausgesuchte symbolische Gegenstande, welche für die eigene Präsenz stehen, können gezielt mitgenommen werden (Hantke & Görges, 2019, S. 80ff.). Dies können ein Tuch, ein Parfum, ein Stein oder eine bedeutsame Figur sein.

Das Abschließen der beruflichen Kontakte und das Ende eines Arbeitstages können in ähnlich ritualisierter Form erfolgen. Lauterbach regt an, sich den Übergang zwischen Beruf- und Privatleben als das imaginäre Land „Transitoria" vorzustellen, ein „Ort zwischen den Zeiten", in dem durch Reflexionen und Innehalten der Abschied von Altem und das Einstimmen ins Neue stattfindet (2015, S. 57ff.).

6.5 Veränderungen in der Zusammenarbeit am Arbeitsplatz

Eine veränderte achtsame Grundhaltung führt zu bewusst herbeigeführten Veränderungen der Zusammenarbeit am Arbeitsplatz, die vor allem von achtsamer Kommunikation und Wertschätzung (siehe 6.1) unter Kolleg*innen und Leitung geprägt sind. Dies kommt den Bedürfnissen nach Gesundheitssorge und Unterstützung der Selbstsorge der Fachkräfte entgegen *und* bereitet ein reflektiertes Bewusstsein, dass personale Ressourcen bewusst gepflegt, wertgeschätzt und schließlich für den Beziehungsaufbau zu Klient*innen qualitativ ausgestaltet und längerfristig eingesetzt werden können.

Teambesprechungen können persönlich oder auch gemeinsam mit einer Stille-Minute zum inneren Sammeln begonnen werden, so dass eine Einstimmung auf eine achtsame Kommunikation gestaltet wird (Hanh, 2013, S. 107). Auch eine „Positiv-Runde" zur Besprechung positiver, gelingender Punkte als Tagespunkt einzuführen, kann hilfreich sein, um von einer Problem- hin zu einer Lösungsorientierung zu gelangen (Pfeifer-Schaupp, 2010, S. 161). Die Wahrnehmung von Stress im Berufsalltag darf in Teams offen thematisiert werden, so dass in einer wertschätzenden Gesprächsatmosphäre gemeinsam nach Lösungen gesucht werden kann. Ein sozial-kommunikativer Führungsstil und eine Reihe von arbeitsorganisatorischen Maßnahmen können die Arbeitsbedingungen positiv verändern, so dass Mitarbeitende sich in ihren Belastungsgrenzen wahrgenommen fühlen (Kaluza, 2018, S. 42). Eine achtsame Leitung kann beispielsweise darauf achten, dass in Zeiten von Homeoffice, flexiblen Arbeitszeiten und Erreichbarkeit über Diensthandys eine entgrenzte Arbeitszeit über zeitlich verbindliche Regelungen dennoch begrenzt wird. Ziel ist, dass ein Abbau von Überstunden stattfinden kann und dass Erholungs- und Urlaubszeiten eingehalten werden, um eine Regeneration zu ermöglichen, wie es in Arbeitszeitrichtlinien gefordert ist (Europäische Kommission, o. J., o. S.).

7. Diskussion der Ergebnisse

Durch die erfolgte Literaturarbeit wurden wesentliche Schnittstellen zwischen der Achtsamkeit und der Heilpädagogik gefunden. In heilpädagogischen Arbeitsbereichen ist die Kontakt- und Beziehungsgestaltung das zentrale Moment und die Voraussetzung aller weiteren Tätigkeiten. Wenn die Fokussierung auf den Augenblick gelenkt wird, wird die achtsame Präsenz der Fachkräfte erhöht und eine vertiefte Qualität in Kontakten mit Klient*innen erzielt. Heilpädagog*innen können durch eigene Achtsamkeit befähigt werden, selbstwirksam etwas dafür zu tun, in Momenten mit Klient*innen nicht gedanklich woanders zu sein, sondern wirklich in der aktuellen Situation. Besonders in der Begleitung von Krisen und Belastungssituationen wird dieser Qualität in der Beziehungsgestaltung im beruflichen Kontext eine wichtige Bedeutung beigemessen.

Eine achtsame Haltung, offen und nicht bewertend, fokussiert auf das Gegenüber in der gegenwärtigen Situation, kann als Grundlage jeder heilpädagogischen Kontaktaufnahme und jeder weiteren Intervention betrachtet werden. Die Achtsamkeit bietet einen Zugang zur persönlichen Selbstreflexion der Professionellen und bereitet die Voraussetzungen für den Aufbau einer dialogischen Beziehung (Lützenkirchen, 2004, S. 32). Hier ist die Nähe zwischen der Achtsamkeit und der Heilpädagogik besonders deutlich: die Präsenz und die Haltung einer bedingungslosen Akzeptanz sind Prinzipien, die ebenfalls im Dialogischen Prinzip nach Buber und in der personzentrierten Gesprächsführung nach Rogers unabdingbar zum Aufbau einer Beziehung sind. In der heilpädagogischen Beziehungsgestaltung finden sich diese Anknüpfungspunkte in den ethischen Grundhaltungen wieder (Haeberlin, 2005, S. 36ff.). Dies wurde in Kapitel 4 und 5.1 ausführlich hergeleitet. Die Achtsamkeit hat für die heilpädagogische Beziehungsgestaltung somit insbesondere für die Ausrichtung an eine feinfühlige, wahrnehmungsorientierte Grundhaltung eindeutig eine zentrale Bedeutung. Meditations- und Wahrnehmungsübungen bieten konkrete Anleitungen zum Einüben einer achtsamen Haltung. Die achtsame und mitfühlende Haltung kann schließlich eine Zunahme der bewussten Akzeptanz der häufig auffälligen Klient*innen auf Seiten der Fachkräfte und in der Folge dann auch zur Vergrößerung der Selbstakzeptanz der Klient*innen selbst bewirken. In diesem Sinne baut eine achtsame Grundhaltung Exklusionsgedankengut ab und kann zur Erhöhung der Selbstbestimmung fördern. Dies ist ein grundsätzlich zu verfolgendes Ziel in der Arbeit mit beeinträchtigten Menschen in der Heilpädagogik.

Es stellte sich die Frage, wie Heilpädagog*innen eine achtsame Haltung aufbauen und erhalten können. Das Konzept des MBSR nach Kabat-Zinn bietet hier einen wissenschaftlich erprobten Zugang. Gerade die Einfachheit der Übungen, die Möglichkeit, sie in den Alltag ohne viel Aufheben zu integrieren, spricht für eine Praxistauglichkeit. Offen bleibt, ob es neben den Übungen des MBSR-Konzepts weitere Wege zum Aufbau einer achtsamen Haltung geben kann. Hier fehlen Untersuchungen und Forschungen im heilpädagogischen Bereich.

Erst im Verlauf der Literaturrecherche wurde die Bedeutung des zweiten Aspektes offensichtlicher: die Achtsamkeit von Fachkräften zeichnet neben ihrer Wirkung auf Klient*innen einen sinnvollen Weg zur Selbstsorge für Fachkräfte selbst. In der Auseinandersetzung insbesondere mit den typischen Belastungen des heilpädagogischen Arbeitskontextes und mit dem Umgang mit Stress in Kapitel 5.2 erfolgte die Erkenntnis: Eine achtsame Haltung kann nicht auf Klient*innen bezogen angewendet und auf Fachkräfte bezogen ausgeklammert werden. Wenn Prinzipen wie das Lernen am Modell, die Forderung nach Authentizität der Fachkräfte und die (professionelle und betriebliche) Förderung von gesundheitsförderlichen Verhalten ernst genommen werden sollen, existiert das eine nicht ohne das andere. Erkenntnisse aus der Stressforschung zeigen gravierende Konsequenzen von längerfristigem Stress auf, so dass Veränderungen am Arbeitsplatz notwendig sind, um einen gesundheitsförderlichen Rahmen zu schaffen. Der Ausbau einer wertschätzenden, achtsamen Kommunikation und ein dementsprechender Führungsstil werden als wesentliche Stellschrauben zum Abbau von beruflichen Stress betrachtet. Die Kritik an einer unethisch eingesetzten Achtsamkeitspraxis, im Sinne der Selbstoptimierung oder zur Effizienzsteigerung ernst nehmen, führt zu vertiefenden Auseinandersetzungen mit den Rahmenbedingungen, in welchen heilpädagogische Arbeit stattfindet. Die Selbstverantwortung der einzelnen Fachkräfte *und* die Verantwortung von Arbeitgebenden und Institutionen der Heilpädagogik für eine aktive Sorge für gesundheitsförderliche Maßnahmen wird im Zusammenspiel als notwendig erachtet, damit Heilpädagog*innen Arbeitsbelastungen bewältigen und ihre Arbeitskraft und Gesundheit bewusst pflegen können, um schließlich der hohen Verantwortung der heilpädagogischen Arbeit im Umgang von Mensch zu Mensch gerecht werden zu können.

Die wissenschaftlichen Ergebnisse zur Wirksamkeit der Achtsamkeit stammen zum überwiegenden Teil aus dem medizinischen oder psychotherapeutischen Bereich. Dieser Forschungsstand wurde für diese Arbeit auf den Bereich der Heilpädagogik übertragen, da für den Bereich der Achtsamkeit in der heilpädagogischen Beziehungsgestaltung keine eigene Forschungsergebnisse nachweisbar waren. Für grundsätzliche Aussagen lässt sich dieser Transfer rechtfertigen, aber spezifische Unterschiede der heilpädagogischen Beziehung im Vergleich zu Beziehungen in einer Psychotherapie oder Beratung blieben dabei unberücksichtigt. Heilpädagogische Beziehungen existieren jedoch häufig längerfristig, beispielsweise in stationären oder ambulanten Wohnangeboten und werden manchmal (bei fehlendem Familiensystem) als Familienersatz von Klient*innen wahrgenommen. Denkbar sind hier andere Schwierigkeiten, eine achtsame Haltung aufrecht erhalten zu können. Diese Themen konnten in dieser Arbeit keine Berücksichtigung finden und erlauben von daher keine generalisierten Aussagen zu jeder heilpädagogischen Tätigkeit.

8. Fazit

Auf die Forschungsfrage nach der Bedeutung der Achtsamkeit für die heilpädagogische Beziehungsgestaltung wurden mehrere Antworten gefunden. Achtsamkeit hat eine breite Auswirkung auf die direkte Qualitätsverbesserung der heilpädagogischen Beziehung und auf den Zugang zur Gesundheitsfürsorge von Fachkräften. Sie hat einen positiven Einfluss auf die Lebensqualität und vergrößert das Bewusstsein für Gesundheit und Auswirkungen von Stress. Achtsamkeit ist unstrittig notwendig und qualitativ wertvoll für eine professionelle Beziehungsgestaltung. Die Einfachheit und Reduktion auf Wesentliches in Erfahrungen, Wahrnehmungen und Meditationen sind ansprechend, leicht umzusetzen und erfordern keine religiöse oder weltanschauliche Sichtweise. Das Achtsamkeitskonzept MBSR nach Kabat-Zinn kann als einen Weg bezeichnet werden, Achtsamkeit zu erlernen und zu üben. Die stressreduzierende Wirkung der Achtsamkeit ist durch vielfache Studien bewiesen. Für den Einsatz der Achtsamkeit in der heilpädagogischen Praxis bieten die Elemente der informellen Meditationsübungen, die achtsame Kommunikation, die Akzeptanz und nicht wertende Haltung sowie Kurzmeditationen zur wiederkehrenden Erinnerung an die eigene Präsenz konkrete handhabbare Handlungsansätze.

Allerdings führt in Anbetracht der Rahmenbedingungen von heilpädagogischen Arbeitsfeldern und der Zunahme beruflichen Stresses eine achtsame Wahrnehmung zu der eindeutigen Forderung nach besseren, gesundheitsförderlichen Bedingungen in heilpädagogischen Institutionen und Organisationen, so dass die Forderung nach Selbstsorge und Psychohygiene einzelner Fachkräfte gepaart sein muss mit einer verbindlichen betrieblichen Gesundheitsfürsorge. Hier ist jedoch die Einbettung der Träger der Einrichtungen ins sozialpolitische System und insbesondere die Rolle der Kostenträger zu berücksichtigen. Jene sollten für diese Zusammenhänge sensibilisiert werden, um durch veränderte Ausrichtung der Leistungsvorgaben in den heilpädagogischen Einrichtungen gesundheitsdienliche Veränderungen von Rahmenbedingungen zu ermöglichen. Dann kann die Praxis der Achtsamkeit zu dreifacher Qualitätsverbesserung der Arbeit beitragen: Professionelle erfahren Achtsamkeit und Wertschätzung am Arbeitsplatz, können selbst aktiv etwas durch Stressreduzierung für die eigene psychosoziale Gesundheit tun *und* von dieser vertieften achtsamen Haltung profitieren die anvertrauten Klient*innen, da Professionelle dann auch ein kongruentes, offenes, wahrnehmendes und empathisches Gegenüber sein können.

Um die heilpädagogische Beziehungsqualität mit Sinn, Leben und Inhalten füllen zu können, muss dies achtsam und mit hoher und feinfühliger Aufmerksamkeit geschehen. Wünschenswert wäre es deshalb, die Erfordernis der achtsamen Haltung für die spezifische heilpädagogische Beziehungsgestaltung zu systematisieren und in Ausbildung und Hochschulen auf wissenschaftlicher und praktischer Basis zu thematisieren.

Ebenfalls wäre es sinnvoll, die Zusammenhänge der Auswirkungen einer Achtsamkeitspraxis, dem Aufbau einer achtsamen Haltung und der Ausübung der heilpädagogischen Tätigkeit in geeigneten Studien zu erforschen. Grundsätzlich findet der wissenschaftliche Nachweis heilpädagogischen Handelns zu wenig Beachtung in der Forschung, was sich durch die Komplexität des Arbeitens mit beeinträchtigten Menschen erklärt. Dennoch sollte die Forschung diesen Bereich nicht aussparen, sondern in ethisch vertretbarer Weise geschehen, um fundierte Erkenntnisse in die Praxis zu transportieren.

Da die eigene psychosoziale Stabilität ein wesentlicher Wirkfaktor für gelingende professionelle Beziehungsarbeit darstellt, sollte eine verstärkte Sensibilisierung bezüglich der notwendigen Selbstsorge im Rahmen von Aus- und Weiterbildungen stattfinden. Für die Zielgruppe der Studierenden der Heilpädagogik kann es als wünschenswert und notwendig statuiert werden, Themen der Selbstfürsorge und erprobte Wege wie Achtsamkeit in Curricula von Studiengängen aufzunehmen.

Dennoch sollte die Praxis der Achtsamkeit nicht dazu dienen, Belastungen im heilpädagogischen Arbeitsfeld „weg zu meditieren" wie es manche Kritiker äußern. Sie kann im Gegenteil durch ein sensibilisiertes Bewusstsein zur achtsamen Verantwortungsübernahme für gesellschaftliche Veränderungen im Sinne von menschenwürdigen Verbesserungen führen.

Literaturverzeichnis

American Mindfulness Research Association, LLC (2020). Database. Gefunden unter https://goamra.org/resources/

Baer, R. A. (2003). Mindfulness Training as a Clinical Intervention: A Conceptual and Empirical Review. *Clinical Psychology: Science and Practice*, 10(2), S. 125–143.

Baer, R. A. (2018). Wie misst man Achtsamkeit? In Williams, M. Kabat-Zinn, J. et al. (Hrsg.), *Achtsamkeit. Ihre Wurzeln, ihre Früchte (2.Aufl.)* (S. 411–446). Freiburg im Breisgau: Arbor Verlag.

Bengel, J. & Lyssenko, L. (2012). *Resilienz und psychologische Schutzfaktoren im Erwachsenenalter. Stand der Forschung zu psychologischen Schutzfaktoren von Gesundheit im Erwachsenenalter* (Forschung und Praxis der Gesundheitförderung, Band 43). Köln: Bundeszentrale für gesundheitliche Aufklärung (BzgA).

BHP. Berufsverband der Heilpädagoginnen und Heilpädagogen, Fachverband für Heilpädagogik e.V. (2010). *Berufsbild Heilpädagogin/Heilpädagoge*. Gefunden unter https://bhponline.de/download/BHP%20Informationen/berufsbild/20140910,%20Berufsbild%20lang.pdf

BHP. Berufs- und Fachverband Heilpädagogik e.V. (o. J.). *BHP Fachpapier. Heilpädagoginnen und Heilpädagogen in Leitungspositionen*. Gefunden unter https://bhponline.de/download/BHP%20Informationen/BHP%20Stellung-nahmen,%20BHP%20Position/BHP-Fachpapier-HP-in-Leitungsfunktionen.pdf

Bodenmann, G., Perrez, M. & Schär, M. (2019). *Klassische Lerntheorien. Grundlagen und Anwendungen in Erziehung und Psychotherapie* (1. Nachdruck der 3. Aufl.). Bern: Hogrefe Verlag.

Bodhi, B. (2018). Was bedeutet Achtsamkeit wirklich? Betrachtungen aus der Perspektive des Pali-Kanons. In Williams, M. Kabat-Zinn, J. et al. (Hrsg.), *Achtsamkeit. Ihre Wurzeln, ihre Früchte* (2. Aufl.) (S. 37–72). Freiburg im Breisgau: Arbor Verlag.

Brink, E.,van den & Koster, F. (2013). *Mitfühlend leben. Mit Selbst-Mitgefühl und Achtsamkeit die seelische Gesundheit stärken. Mindfulness-Based Compassionate Living-MBCL*. München: Kösel-Verlag.

Brunsting, M. (2011, September). *Achtsamkeit in der Heilpädagogik: Wie man als Heilpädagogin auf Achtsamkeit stoßen kann*. Präsentation auf dem 7. Schweizer Heilpädagogik-Kongress am 01.09.2011. Bern. Gefunden unter http://www.nilbrunsting.ch/view/data/4748/Kongress_Bern.pdf

Buber, M. (1993). *Nachlese* (3. Aufl.). Gerlingen: Lambert Schneider Verlag.

Buber, M. (2006). *Das dialogische Prinzip* (10. Aufl.). Gütersloh: Gütersloher Verlagshaus.

Chang-Gusko, Y.-S. (2013). *Wie alltagstauglich ist die Achtsamkeit? – Pilotstudiendesign zur Implementierung einer Methode zur Stressbewältigung in den Vorlesungsplan der Studenten der FOM, Hamburg.* Gefunden unter http://www.gesundheitsfoerdernde-hochschulen.de/Inhalte/A_Arbeitskreis/A5_Was_machen_wir/A5a_Schwarzes_Brett/2013_09_13_Pilotstudiendesign_Chang_Gusko.pdf

Datler, W. (2000). Das Verstehen von Beziehungsprozessen – eine zentrale Aufgabe von heilpädagogischer Praxis, Lehre und Forschung. In Bundschuh, K. (Hrsg.), *Wahrnehmen – Verstehen – Handeln: Perspektiven für die Sonder- und Heilpädagogik im 21. Jahrhundert* (S. 59–77). Bad Heilbrunn: Klinkhardt.

Dauber, H. (2006). *Achtsamkeit in der Pädagogik – zur Dialektik von Selbstverwirklichung und Selbsthingabe.* Vortrag vor dem Deutschen Kollegium für Transpersonale Psychologie und Psychotherapie (DKTP) am 12.01.2006. Herdecke.

Diegelmann, C. & Isermann, M. (2011). *Kraft in der Krise: Ressourcen gegen die Angst.* Stuttgart: Klett-Cotta.

Digitales Wörterbuch der deutschen Sprache (DWDS). (o. J.). *Achtsamkeit.* Berlin-Brandenburgische Akademie der Wissenschaften (Hrsg.). Gefunden unter https://www.dwds.de/wb/Achtsamkeit

Digitales Wörterbuch der deutschen Sprache (DWDS). (o. J.). *heil.* Berlin-Brandenburgische Akademie der Wissenschaften (Hrsg.). Gefunden unter https://www.dwds.de/wb/heil

Dudenredaktion (o. J.). Kommunikation. duden online. Gefunden unter https://www.duden.de/node/81415/revision/81451

Ernst, S., Esch, S.M. & Esch, T. (2009). Die Bedeutung achtsamkeitsbasierter Interventionen in der medizinischen und psychotherapeutische Versorgung. *Forschende Komplementärmedizin,* 2006; 16, S. 296–303. online veröffentlicht unter https://doi.org/10.1159/000235795 .

Esch, T. (2014). Die neuronale Basis von Meditation und Achtsamkeit. *Sucht,* 60 (1), 2014, S. 21–18.

Europäische Kommission (o. J.). Arbeitsbedingungen-Arbeitszeitrichtlinie. Gefunden unter https://ec.europa.eu/social/main.jspcatId=706&langId=de&intPageId=205

Feuser, G. (1999). *Integration- eine Frage der Didaktik einer Allgemeinen Pädagogik.* Vortrag vom 8.5.1998 beim Sonderpädagogischen Kongress 1998 des Fachverbandes für Behindertenpädagogik (vds) anlässlich seines 100-jährigen Bestehens vom 7. bis 9.5.1998 in Hannover. Veröffentlicht in Behinderte in Familie, Schule und Gesellschaft Nr. 1/99 Graz: Reha Druck. Gefunden unter bidok – VolltextbibliothekWiederveröffentlichung im Internet Stand: 11.09.2006 http://bidok.uibk.ac.at/library/beh1-99-frage.html:

Figl, B. (2017). *„Achtsamkeit ist ein Tranquilizer".* Wiener Zeitung (Hrsg.). Gefunden unter https://www.wienerzeitung.at/schnittstelle/heranwachsen/885371_Achtsamkeit-ist-ein-Tranquilizer.html

Flosdorf, P. (2009). *Heilpädagogische Beziehungsgestaltung. Grundlagen und Konzepte für den Einzel- und Gruppenbezug* (2. Aufl.). Freiburg im Breisgau: Lambertus-Verlag.

Franke, A. (2015). *Salutogenetische Perspektive.* Bundeszentrale für gesundheitliche Aufklärung (BzgA) (Hrsg.) Aktuelle Version doi: 10.17623/BZGA:224-i104-1.0. Gefunden unter https://www.leitbegriffe.bzga.de/alphabetisches-verzeichnis/salutogenetische-perspektive/

Franzkowiak, P. & Franke, A. (2018). *Stress und Stressbewältigung.* Bundeszentrale für gesundheitliche Aufklärung (BzgA) (Hrsg.) Aktuelle Version doi: https://dx.doi.org/10.17623/BZGA:224-i118-2.0. Gefunden unter https://www.leitbegriffe.bzga.de/alphabetisches-verzeichnis/stress-und-stressbewaeltigung/

Friebel, V. (2013). *Stillemomente für Kinder.* Tübingen: Edition Blaue Felder. Online-Ressource.

Göhlich, M. & Engel, J. (2020). Achtsamkeit. Zur pädagogischen Relevanz einer Technik der Selbstsorge. In Bilstein, J., Winzen, M. & Zirfas, J. (Hrsg.), *Pädagogische Anthropologie der Technik (1. Aufl.)* (S. 63–75). Wiesbaden: Springer VS. Imprint der Springer Fachmedien Wiesbaden GmbH.

Grawe, K. (2005). (Wie) kann Psychotherapie durch empirische Validierung wirksamer werden? *Psychotherapeutenjournal.* 1/2005, S. 4–11.

Greving, H. & Ondracek, P. (2020). *Heilpädagogisches Denken und Handeln* (2., überarbeitete Aufl.). Stuttgart: Kohlhammer.

Greving, H. & Timpe, K.-R. (2017). Heilpädagogik – eine kurze Beschreibung der Profession. *Kinder- und Jugendarzt. Zeitschrift des Berufsverbandes der Kinder- und Jugendärzte e.V.*, 09/2017, S. 587–589.

Gussone, B. & Schiepk, G. (2000). *Die „Sorge um sich". Burnout-Prävention und Lebenskunst in helfenden Berufen.* Tübingen: dgvt-Verlag.

Haeberlin, U. (2005). *Grundlagen der Heilpädagogik: Einführung in eine wertgeleitete erziehungswissenschaftliche Disziplin* (1.Aufl.). Bern: Haupt Verlag.

Haeberlin, U. (2007). Wissenschaftstheorie, heilpädagogische. In Bundschuh, K., Heimlich, U. & Krawitz, R. (Hrsg.), *Wörterbuch Heilpädagogik* (S. 298–301). Bad Heilbrunn: Julius Klinkhardt Verlag.

Hanh, T.N. (2019). *Achtsam sprechen – achtsam zuhören. Die Kunst der bewussten Kommunikation* (deutschsprachige Ausgabe). München: Knaur. Leben. Imprint der Verlagsgruppe Knaur.

Hantke, L. & Görges, H.-J. (2019). *Ausgangspunkt Selbstfürsorge, Strategien und Übungen für den psychosozialen Alltag.* Paderborn: Junfermann.

Hofer, R. (2007). Heilpädagogische Haltung. Betrachtungen zur Berufsethik der Heilpädagogik. *Schweizerische Zeitschrift für Heilpädagogik* 2/07, S. 25–32.

Hüther, G. (2010). *Bedienungsanleitung für ein menschliches Gehirn* (9. Aufl.). Göttingen: Vandenhoeck & Ruprecht.

Hurrelmann, K. (2010). *Gesundheitssoziologie. Eine Einführung in sozialwissenschaftliche Theorien von Krankheitsprävention und Gesundheitsförderung* (7. Aufl.). Weinheim und München: Juventa Verlag.

Jenni, R. (2016a). Spezifischer Umgang mit belastenden Situationen im Beruf. Wie man mit TEK seine emotionalen Kompetenzen erweitert. *Praxisergotherapie,* 5/ 2016, S. 254–258.

Jenni, R. (2016b). Mit kleinsten Zeitinseln der Alltagsanspannung begegnen. *FORUM Mitgliedermagazin des BVF,* 06/2016, S. 13–19.

Johnson, D. (o. J.). *Achtsamkeit im Dienste des Kapitalismus.* Gefunden unter https://www.ursachewirkung.at/achtsamkeit/2617-achtsamkeit-im-dienste-des-kapitalismus

Kabat-Zinn, M. & J. (2013). *Mit Kindern wachsen. Die Praxis der Achtsamkeit in der Familie* (7. Aufl., broschierte Ausgabe). Freiburg im Breisgau: Arbor Verlag.

Kabat-Zinn, J. (2015). *Das Abenteuer Achtsamkeit. Wie Sie Weisheit für Körper, Geist und Seele entwickeln* (1.Aufl.). Freiburg im Breisgau: Arbor Verlag.

Kabat-Zinn, J. (2018a). *Was Achtsamkeit ist. Eine Einführung in die MBSR-Praxis.* Arbor-Seminare gGmbH (Hrsg.). Gefunden unter https://www.arbor-seminare.de/was-achtsamkeit-ist

Kabat-Zinn, J. (2018b). Die MBSR-Yogaübungen. Stressbewältigung durch Achtsamkeit (6.Aufl.). Freiburg im Breisgau: Arbor Verlag.

Kabat-Zinn, J. (2019). *Gesund durch Meditation. Das große Buch der Selbstheilung mit MBSR* (Taschenbuchneuausgabe). *München: Knaur Verlag.*

Kaeser, D. (2019a). *Achtsamkeitsübung 2: Rosinen-Übung.* Gefunden unter https://achtsamkeit101.ch/achtsamkeitsuebung-2-rosinen-uebung/

Kaeser, D. (2019b). *Achtsamkeitsübung 9: Achtsames Sprechen.* Gefunden unter https://achtsamkeit101.ch/achtsamkeitsuebung-9-achtsames-sprechen/

Kaluza, G. (2018). *Stressbewältigung. Trainingsmaterial zur psychologischen Gesundheitsförderung* (4. Aufl.). Berlin und Heidelberg: Springer.

Kast, V. (1994). *Der schöpferische Sprung. Vom therapeutischen Umgang mit Krisen* (5. Aufl.). München: Deutscher Taschenbuch Verlag.

Kiessl, H. (2015). Heilpädagogisches Know-how im Kontext der Hilfen zur Erziehung. In Deutscher Verein für öffentliche und private Fürsorge e.V. (Hrsg.). *Inklusion und Heilpädagogik.* Freiburg: Lambertus-Verlag.

Kiessl, H. (2019). *Systemische Ansätze in der Heilpädagogik.* Stuttgart: Kohlhammer.

Knuf, A. (2016a). Selbstmitgefühl statt Selbstwertgefühl. *Psychiatrie & Gemeinde. Psychosoziale Umschau,* 03/ 2016, S. 6–7.

Knuf, A. (2016b). Der achtlose Umgang mit der Achtsamkeit. *Psychologie Heute,* 01/2016, S. 26–31.

Kohls, N. & Sauer, S. (2012). *Evaluation der Pilotstudie „Achtsamkeit an Schulen" (AISCHU®)*. München: Humanwissenschaftliches Zentrum Ludwig-Maximilians-Universität München.

Küchenhoff, J. (1999). *Selbstzerstörung und Selbstfürsorge*. Gießen: Psychosozial-Verlag.

Lauterbach, M. (2015). *Engagiert und gesund bleiben. Kluge Selbstsorge in der psychosozialen Arbeit* (1. Aufl.). Köln: BALANCE buch + medien verlag.

Löhmer, C. & Standhardt, R. (2013). *Neues aus der MBSR-Forschung. Britta Hölzel im Gespräch mit Cornelia Löhmer und Rüdiger Standhardt*. Gefunden unter http://www.mbsr-ausbildung.de/pdf/Neues%20aus%20der%20MBSR-Forschung%20(Dr%20%20Britta%20H%C3%B6lzel).pdf

Lotz, D. (2005). *Von der (heil-)pädagogischen Haltung in der Kinder- und Jugendhilfe, wenn Grenzen durch Grenzüberschreitung entstehen*. Vortrag auf dem Jugendhilfefachtag der Integrativen Jugendhilfe Heike und Thomas Michnik am 11.03.2005. Oldenburg.

Lützenkirchen, A. (2004). Bedeutung und Nutzen von Achtsamkeit in der Sozialen Arbeit. *Gruppendynamik und Organisationsberatung*, 35. Jahrg., Heft 1, 2004, S. 27–36.

MBSR-MBSC-Verband e.V. (2020). *Ausbildung-Achtsamkeit lehren*. Gefunden unter https://www.mbsr-verband.de/ausbildung/voraussetzungen

Michalak, J., Heidenreich, T. & Bohus, M. (2006). Achtsamkeit und Akzeptanz in der Psychotherapie. Gegenwärtiger Forschungsstand und Forschungsentwicklung. *Zeitschrift für Psychiatrie, Psychologie und Psychotherapie*, 54 (4), 2006, S. 241–253.

Möltner, H., Leve, J. & Esch, T. (2018). Burnout-Prävention und mobile Achtsamkeit: Evaluation eines appbasierten Gesundheitstrainings bei Berufstätigen. *Das Gesundheitswesen* 03/2018, S. 295–300.

Mundt, R. (2013). *Wissenschaftliche Studien über Meditation*. Gefunden unter http://www.achtsamkeit-hd.de/ws_sept21_2.pdf

Neff, K. (2012). *Selbstmitgefühl. Wie wir uns mit unseren Schwächen versöhnen und uns selbst der beste Freund werden* (11. Aufl., deutsche Erstausgabe). München: Kailash Verlag.

Öffentliches Gesundheitsportal Österreichs (2020). *Psychohygiene*. Bundesministerium Soziales, Gesundheit, Pflege und Konsumentenschutz (Hrsg.). Gefunden unter https://www.gesundheit.gv.at/lexikon/p/lexikon-psychohygiene

Ott, U. (2019). *Meditation für Skeptiker: Ein Neurowissenschaftler erklärt den Weg zum Selbst* (vollständige Taschenbuchausgabe). München: Knaur Leben.

Pfeifer-Schaupp, U. (2010). *Achtsamkeit in der Kunst des Nicht-Helfens*. Freiburg: Arbor Verlag.

Literaturverzeichnis

Reichenbach, R. (2004). „La fatigue de soi": Bemerkungen zu einer Pädagogik der Selbstsorge. In Ricken, N., Rieger-Ladich, M. (Hrsg.), *Michel Foucault: Pädagogische Lektüren* (1. Aufl.) (S. 188–200). Wiesbaden: VS Verlag für Sozialwissenschaften.

Riemer, P. (o. J.). *Stressreduktion. Die erste Reise zur Achtsamkeit am Campus Gummersbach*. TH Köln (Hrsg.). Gefunden auf https://www.th-koeln.de/hochschule/achtsam-gegen-den-stress_45981.php

Schmidbauer, W. (1994). *Helfen als Beruf. Die Ware Nächstenliebe* (überarbeitete und erweiterte Neuausgabe). Reinbek bei Hamburg: Rowohlt Taschenbuch Verlag.

Schmidbauer, W. (2013). *Hilflose Helfer. Über die seelische Problematik der helfenden Berufe* (19. Aufl.). Hamburg: Rowohlt Verlag.

Schneider, M. (2012). *Stressfrei durch Meditation. Das MBSR-Kursbuch nach der Methode von Jon Kabat-Zinn*. München: O. W. Barth Verlag. Imprint Verlagsgruppe Droemer Knaur GmbH & Co.

Sigl, V. (2010). *Der Einfluss der heilpädagogischen Beziehung auf die Lebensqualität der Betreuer*. Diplomarbeit. Universität Wien.

Sonneck, G., Kapusta, N., Tomandl, G. & Voracek, M. (Hrsg.) (2016). *Krisenintervention und Suizidverhütung* (3. Aufl.). Wien: facultas Universitätsverlag.

Speck, O. (2008). *System Heilpädagogik: Eine ökologisch reflexive Grundlegung* (6., überarbeitete Aufl.). München: Ernst Reinhardt Verlag.

Statista Research Department (2007). *Stress-Symptome*. Gefunden unter https://de.statista.com/statistik/daten/studie/814/umfrage/stress-symptome/

Stratmann, B. (2016). *„Achtsamkeit löst die Probleme nicht". Interview mit Hartmut Rosa*. Gefunden unter https://ethik-heute.org/achtsamkeit-loest-unsere-probleme-nicht/

Tang, Y., Ma, Y., Wang, J., Fan, Y., Feng, S. & Lu, Q., et al. (2007). Short-term meditation training improves attention and self-regulation. *PNAS*, October 23, 2007, vol. 104 (43), S. 17152–17156.

Tholl, M. (2019). *Totalitarismus der Selbstoptimierung. Die gefährlichen Folgen der Achtsamkeitslehre*. Gefunden unter https://www.tagesspiegel.de/kultur/totalitarismus-der-selbstoptimierung-die-gefaehrlichen-folgen-der-achtsamkeitslehre/24915166.html

Valtl, K. (2018). *Pädagogik der Achtsamkeit. Ein Literaturbericht*. Wissenschaftliche Publikationsreihe. Beitrag Nr. 3. gefunden unter https://www.schule-im-aufbruch.at/wp-content/uploads/Schule%20im%20Aufbruch_Publikatio%203_Valtl_12%2006%2018.pdf

Weidenfeller, S. (2014). *Wissenschaftlicher Nachweis der Methode Stressbewältigung durch Achtsamkeit (Mindfulness-Based Stress Reduction, MBSR)*. gefunden unter https://www.achtsamkeit-intuition.de/wp-content/uploads/2016/10/WissenschaftlicherNachweis_Stand_2014.pdf.pdf

Weinberger, S. (2004). *Klientenzentrierte Gesprächsführung. Lern- und Praxisanleitung für Personen in psychosozialen Berufen* (9., vollständig überarbeitete Aufl.).Weinheim und München: Juventa Verlag.

Weiss, H. & Harrer, M.E. (2010). Achtsamkeit in der Psychotherapie. Verändern durch „Nicht-Verändern-Wollen"- ein Paradigmenwechsel? *Psychotherapeutenjournal*, 01/ 2010, S. 14–24.

Weissbecker, I. et al. (2002). Mindfulness-Based Stress Reduction and Sense of Coherence Among Women with Fibromyalgia. *Journal of Clinical Psychology in Medical Settings*, 9(4), S. 297–307.

Weiß, W. (2016). *Philipp sucht sein Ich. Zum pädagogischen Umgang mit Traumata in den Erziehungshilfen* (8., durchgesehene Aufl.). Weinheim und Basel: Beltz Juventa.

Williams, M. & Kabat-Zinn, J. (2018). Achtsamkeit – warum sie wichtig ist, woher sie kommt und wie sie an der Schnittstelle von Wissenschaft und Dharma angewendet werden kann. In Williams, M. Kabat-Zinn, J. et al. (Hrsg.), *Achtsamkeit. Ihre Wurzeln, ihre Früchte* (2. Aufl.) (S. 7–36). Freiburg im Breisgau: Arbor Verlag.

Wolf, S. (2020). *Stressbewältigung durch Achtsamkeit*. gefunden unter https://www.suzan-wolf.de/

Abbildungsverzeichnis

Abb. 1:	Publikationen zum Thema Achtsamkeit von 1980–2019	6
Abb. 2:	Unterbrechung des Reiz-Reaktion-Musters durch Achtsamkeit	9
Abb. 3:	MBSR-Kursablauf	10
Abb. 4:	Statistische Erfassung von Stresssymptomen	39
Abb. 5:	Transaktionales Stressmodell	41
Abb. 6:	Kontinuum von Gesundheit und Krankheit	43

Abkürzungsverzeichnis

ADHS:	Aufmerksamkeits-Defizit-Hyperaktivitätsstörung
BHP:	Berufs- und Fachverband Heilpädagogik e.V.
EEG:	Elektroenzephalogramm
ICF:	Internationale Klassifikation der Funktionsfähigkeit, Behinderung und Gesundheit (deutsche Übersetzung)
MBCL	Mindfulness-Based Compassionate Living (deutsche Übersetzung: auf Achtsamkeit basierendes mitfühlendes Leben; auch: Mitgefühlstraining)
MBSR:	Mindfulness-Based Stress-Reduction (deutsche Übersetzung: achtsamkeitsbasierte Stressreduktion)
MRT:	Magnetresonanztomographie
UN-BRK:	Übereinkommen der Vereinten Nationen über die Rechte von Menschen mit Behinderungen

Anhang

Anhangverzeichnis

Anhang 1	Anleitung zum Body-Scan	78
Anhang 2	Vorbereitung der Sitzmeditation	81
Anhang 3	Anleitung der Atemmeditation	82
Anhang 4	Anleitung zur Gehmeditation	83
Anhang 5	Achtsames Essen: Rosinenübung	84
Anhang 6	Reflexionsprotokoll angenehmer Erlebnisse	85
Anhang 7	Reflexionsprotokoll unangenehmer Erlebnisse	86
Anhang 8	Reflexionsprotokoll schwieriger Gesprächssituationen	87
Anhang 9	Übung: Achtsame Kommunikation	88
Anhang 10	Übungen: Achtsames Yoga	89

Anhang 1 Anleitung zum Body-Scan

Suche dir eine bequeme Haltung auf deiner Unterlage in der Rückenlage.
Lass sie Füße ausgleiten, so dass sie hüftbreit aufliegen. Die Füße sind locker nach außen gekippt.
Die Arme liegen seitlich neben dem Körper, die Handflächen nach oben gerichtet.
Die Schulter liegen locker auf der Unterlage, lass alle Anspannung los.
Wenn du kannst und magst, schließe die Augen.
Spüre nach, wo dein Körper die Unterlage berührt.
Nimm einen tiefen Atemzug und spüre nach, wo du den Einatem wahrnimmst, an den Nasenflügeln oder im Bauchraum...
Spüre, wie beim Ausatmen der Brustraum und der Bauchraum sich senkt.
Versuche noch mehr loszulassen, vielleicht sinkst du noch ein wenig mehr in die Unterlage. Bleibe bei deinem Atem und nimm wahr, wie er kommt und geht.
Du musst nichts tun, es gibt nichts zu erreichen jetzt.
Sei dir deines ganzen Körpers gewahr, so wie er jetzt auf der Unterlage liegt und atmet.
Nun wandere mit deiner Aufmerksamkeit zu deinem linken Fuß.
Geh zu deinem linken großen Zeh. Vielleicht bemerkst du Wärme, Kälte, ein Kribbeln oder ein Jucken oder auch gar nichts. Was du wahrnimmst, ist völlig in Ordnung.
Wandere jetzt auch zu allen anderen linken Zehen und bemerke auch die Zwischenräume.
Nimm wahr, wo deine Ferse aufliegt. Beachte die Fußsohle in ihrer ganzen Fläche. Dann lenke deine Wahrnehmung zum linken Fußgelenk und spüre, was du fühlst.
Spüre dann weiter hinauf zu deinem Unterschenkel, seiner Umgrenzung und zum Inneren des Unterschenkels.
Von dort geh weiter zum Knie, fühle dein Kniegelenk.
Wenn du an einem Körperteil Schmerzen wahrnimmst, nimm sie an, es gibt nichts zu bewerten.

Bleibe in deinem Atemrhythmus – ein – aus.

Wenn Gedanken aufkommen, die dich ablenken, nimm sie wahr und lass sie vorbeiziehen wie Wolken am Himmel. Bringe dann deine Aufmerksamkeit behutsam wieder zu deinem Körper im Hier und Jetzt zurück.

Gehe nun weiter zum linken Oberschenkel, spüre, wo er aufliegt und wie er sich jetzt anfühlt. Von dort gehe weiter zum linken Hüftgelenk und zum Gesäß. Nimm einfach wahr, ohne zu bewerten.

Über die rechte Hüfte geht es hinunter zum rechten großen Zeh.

Wende dich nun deinem rechten großen Zeh zu. Empfange deine Wahrnehmung. Vielleicht spürst du wieder, wie es an der Stelle warm wird oder es kribbelt.

Nun lenke deine Aufmerksamkeit auch auf die anderen rechten Zehen.

Gehe dann zur Ferse und zu deinem rechten Fußgelenk.

Bleibe in deinem Atemrhythmus.

Weiter geht es in den Unterschenkel... und zum rechten Knie. Spüre in dein Kniegelenk hinein.

Lenke nun deine Wahrnehmung in den rechten Oberschenkel, fühle, wie er sich in der ganzen Fläche anfühlt.

Versuche jetzt, beide Beine bewusst als Raum deines Körpers wahrzunehmen.

Wandere dann zur rechten Hüfte und zum Gesäß.

Spüre in den unteren Rücken hinein, wo liegt er auf und was fühlst du?

Gehe weiter die Wirbelsäule entlang bis zum oberen Rücken. Spüre die Schulterblätter, das Brustbein und dann die Halswirbelsäule.

Spüre in die Bereiche deines Rückens hinein, die Kontakt zur Unterlage haben... und lenke dann deine Wahrnehmung in die Bereiche des Rückens, die nicht aufliegen.

Gehe nun mit deiner Wahrnehmung in den Bauchraum, zu deinen Organen: spüre dein Herz und wie deine Lunge dich mit Sauerstoff versorgt.

Du musst nichts tun, lass alles geschehen. Bemerke, wie die Bauchdecke sich hebt und senkt durch den Atem.

Fühle in den Schulter- und Nackenbereich hinein. Wenn du Schmerzen oder unangenehme Empfindungen bemerkst, nimm sie wahr. Lass alle Anspannung los.

Von dort geht es weiter in die Oberarme – zum Ellenbogengelenk – in die Unterarme und in die Handgelenke.

Wende dich der Handinnenfläche zu und der Handaußenfläche, dann den einzelnen Fingern: Daumen, Zeigefinger, Mittel- Ring- und kleiner Finger.

Wandere dann mit deiner Wahrnehmung wieder die Arme hoch, über den Schulter- und Nackenbereich zu deinem Kopf.

Spüre, wie der Kopf auf der Unterlage aufliegt. Gehe weiter über den Hinterkopf zu deinem Gesicht. Lenke deine Aufmerksamkeit auf deine Stirn, deine Augen, die Lider, wie sie aufliegen. Gehe weiter zur Nase und nimm deine Atembewegungen bewusst wahr. Dann zu den Wangen, zu den Lippen und zum Mund- Kieferbereich. Der Unterkiefer darf sich lösen und die Zunge liegt locker im Mundraum.

Nimm nun deinen Körper als Ganzes wahr, wie er friedlich da liegt und atmet.

Versuche die Atembewegung durch den ganzen Körper wahrzunehmen, vom Scheitelpunkt hinunter zu den Füßen. Lass den Atem kommen und gehen.

Nun nimm ein paar tiefe Atemzüge und beginne mit kleinen Bewegungen, die dir guttun, um diese Übung zu beenden. Du kannst dich auch recken und strecken, erst die Arme, Beine und dann den ganzen Körper.

Wenn du soweit bist, öffne die Augen und komme über die Seitenlage in einen Sitz.

(eigene Darstellung in Anlehnung an Kabat-Zinn, 2019, S. 114ff.)

Anhang 2 Vorbereitung der Sitzmeditation

Die Sitzmeditation gilt als als Mittelpunkt der formalen Meditationspraxis. Im Unterschied zum gewöhnlichen Sitzen soll das meditative Sitzen den Grad des eigenen Gewahrseins erhöhen.

Durch eine angenehme Sitzposition soll eine aufrechte, präsente und gleichzeitig entspannte Körperhaltung ermöglicht werden, die für die Dauer einer Meditation gut gehalten werden kann. In einer aufrechten Haltung kann der Atem gut fließen und wahrgenommen werden. Zudem verleiht das aufrechte Rückgrat eine Haltung der Würde und fördert damit schon körperlich eine konzentrative Aufmerksamkeit und die Haltung von Selbstvertrauen und Selbstakzeptanz.

Mehrere Sitzarten sind möglich: auf einem Sitz- oder Meditationskissen im Schneidersitz oder im Fersensitz, je nach persönlicher Beweglichkeit und Vorliebe. Das aufrechte Sitzen auf einem Stuhl ist eine weitere Variante.

(eigene Darstellung in Anlehnung an Kabat-Zinn, 2019, S. 95)

(eigene Darstellung, grafische Umsetzung Vivien Gottschall)

Anhang 3 Anleitung der Atemmeditation

Suche dir eine bequeme und für dich angenehme Sitzposition.
Spüre, wo deine Füße, Beine und dein Gesäß Kontakt zum Boden oder zur Sitzgelegenheit haben.
Dein Oberkörper ist aufrecht, entspannt. Lass das Becken ein wenig noch vorne kippen. Der höchste Punkt des Kopfes, der Scheitelpunkt zeigt nach oben. Sitze so, dass es für dich ein würdevolle Haltung ausdrückt.
Die Arme liegen entspannt auf den Oberschenkeln, du kannst sie auch im Schoß ineinanderlegen. Lass alle Anspannung los. Der Unterkiefer kann sich lösen.
Wenn es dir hilft, kannst du die Augen schließen und wahrnehmen, wie es sich jetzt in diesem Moment in dieser Haltung anfühlt.
Richte nun deine Aufmerksamkeit auf deinen Atem. Wo spürst du den Atem am meisten? An den Nasenflügeln, im Brustbereich oder im Heben und Senken der Bachdecke? Bleibe mit deiner Aufmerksamkeit an dieser Stelle und nehme die nächsten Atemzüge in ihrer ganzen Länge der Einatmung und der Ausatmung wahr.
Du musst nichts verändern oder tun, nur wahrnehmen. Du wirst merken, dass kein Atemzug dem anderen gleicht.
Wenn deine Aufmerksamkeit durch deine Gedanken, Gefühle oder Geräusche abgelenkt wird (und das wird immer wieder vorkommen), bleibe in der Beobachtung und lenke deine Wahrnehmung geduldig immer wieder zurück zu deinem Atem. Die Momente, in denen du bemerkst, dass du abgelenkt bist und deine Aufmerksamkeit zum Atem zurückführst, sind besonders wichtige Momente der Achtsamkeit.
Vielleicht hilft es dir, mit den Atemzügen innerlich zu sagen „ein- aus". Beobachte den Ein- und den Ausatem und die kurze Pause dazwischen.
Setze die Atemmeditation selbständig in Stille geduldig fort.
Der Atem kann dein Anker sein, du kannst immer zu ihm zurückkehren.
Beende die Übung, indem du dich bewegst oder streckst, so wie es dir gerade jetzt guttut.

(eigene Darstellung in Anlehnung an Kabat-Zinn, 2019, S. 93ff.)

Anhang 4 Anleitung zur Gehmeditation

Beginne diese Übung mit einem festen Stand. Wenn es möglich ist, gehe barfuß.

Die Füße stehen schulterbreit auseinander. Der Oberkörper ist aufrecht, die Knie leicht gebeugt. Die Schulter sind nach hinten unten gerichtet. Die Arme hängen entspannt herunter. Richte deine Aufmerksamkeit auf deinen Atem.

Lenke deine Wahrnehmung nun in den linken Fuß und versuche so langsam du kannst, einen kleinen Schritt zu tun. Deine Aufmerksamkeit ist vollkommen auf deine Bewegungen des Fußes und des Beines gerichtet. Bemerke, wie dein Fuß einen Bewegungsimpuls aufbaut und wie der andere Fuß Stabilität zeigt. Weiter geht es mit dem rechten Fuß, der ebenso einen langsamen Schritt nach vorne geht. Nimm den Ablauf wahr von Anheben, Bewegen, Absetzen und Verlagern des Gewichts.

Passe nun deine Gehbewegungen deiner Atembewegung an. Einatmen – Schritt – Ausatmen – Schritt – Einatmen – Schritt – Ausatmen – Schritt….ganz in deinem eigenen Rhythmus. Nehme das Tempo an, das jetzt zu dir passt. Wenn du bemerkst, dass Gedanken auftauchen und dich ablenken, führe die Aufmerksamkeit wieder zurück zum Bewegungsablauf.

Es ist nicht wichtig, ein bestimmtes Ziel durch unser Gehen zu erreichen. Es kommt nur auf deine Aufmerksamkeit und deine Wahrnehmung der Bewegungen an.

Die Geschwindigkeit der Gehmeditation kannst du deiner Situation anpassen. Sie lässt sich vielfach im Berufsalltag zwischen Terminen oder zur Unterbrechung einsetzen.

(eigene Darstellung in Anlehnung an Kabat-Zinn, 2019, S. 151ff.)

Anhang 5 Achtsames Essen: Rosinen-Übung

 Achtsamkeit 101

Die Rosinen-Übung

Die Rosinenübung bietet einen guten Einstieg in die Ess-Meditation und in die Achtsamkeitsübungen. Wenn wir beginnen, uns den alltäglichen Dingen achtsam zuzuwenden, können wir ohne wesentlichen Aufwand von positiven Erfahrungen profitieren.

Ziel dieser Achtsamkeitsübung
Ziel der Rosinenübung ist es, den Gedankengang zu stoppen, denn diese Übung wirkt stark fokussierend. Die Übung dauert insgesamt drei bis sechs Minuten und kann auch als Vorübung zum achtsamen Essen angewendet werden.

Für wen ist diese Übung?
Diese Übung ist optimal für Erwachsene und Gruppen oder ältere Kinder und Jugendliche. Die Übung dauert drei bis sechs Minuten.

Anleitung für diese Achtsamkeitsübung
Um einen optimalen Erfolg mit der Rosinen-Übung zu erzielen gehen Sie wie folgt vor:

 Wähle eine von drei Rosinen aus
Lege drei Rosinen vor dich hin. Betrachte sie genau. Welche Rosine spricht dich vor allem an?

 Beobachte die Rosinen
Fallen dir spezifische Farbunterschiede auf? Atme dabei gleichmässig und achte dabei besonders auf dein Ausatmen.

 Erkunde die gewählte Rosin
Erkunde die gewählte Rosine genau zwischen Damen und Zeigfinger. Wie ist die Form der Rosine beschaffen? Gibt es Unebenheiten? Allenfalls tiefere Furchen? Nimm alles genau wahr.

 Rieche an der Rosine
Wenn du die Rosine vor die Nase nimmst, welches Aroma kannst du wahrnehmen? Welchen Duft verströmt die Rosine? Verströmt sie einen blumigen Duft oder eher nach Vanille oder etwas anderes? Nimmst du Geruchsnuancen wahr?

 Bewege die Rosine vor Dein Ohr
Welche Geräusche kannst du hören, wenn du die Rosine zwischen Daumen und Zeigfinger vor deinem Ohr bewegst?

 Führe die Rosine zu Deinem Mund
Wenn du die Rosine zu deinem Mund führst, fahre zuerst einige Mal damit über die Lippen. Wie wirkt die Beschaffenheit der Rosine auf deinen Lippen?

 Nimm die Rosine in den Mund
Nimm die Rosine in den Mund und umspiele sie vorerst mit deiner Zunge. Was kannst du wahrnehmen? Lass dir dabei Zeit, auf die Rosine zu beissen. Nimm auch diesen Prozess achtsam und genau wahr. Wie verändert sich die Rosine, nachdem die Frucht offen ist. Kaue langsam und nimm sowohl die Konsistenz wie auch den Geschmack der Rosine wahr.

 Achte auf den Nachgeschmack
Wie ist der Nachgeschmack der Rosine? Was bleiben für Eindrücke im Mundraum?

© Achtsamkeit101.ch

(mit freundlicher Genehmigung der Betreiber der Homepage Achtsamkeit 101.ch, Kaeser, 2019a)

Anhang 6 Reflexionsprotokoll angenehmer Erlebnisse

	1. Kurze Beschreibung der Situation	2. Waren Sie sich während der Situation der angenehmen Erfahrung bewusst?	3. Beschreiben Sie genau Ihre körperlichen Empfindungen während des Erlebnis	4. Welche Gedanken, Gefühle und Stimmungen tauchten in der Situation auf?	5. Welche Gedanken und Gefühle haben Sie jetzt zu diesem Erlebnis?
Montag					
Dienstag					
Mittwoch					
Donnerstag					
Freitag					
Samstag					
Sonntag					

(eigene Darstellung in Anlehnung an Kabat-Zinn, 2019, S. 437)

Anhang 7 Reflexionsprotokoll unangenehmer Erlebnisse

	1. Kurze Beschreibung der Situation	2. Waren Sie sich während der Situation der unangenehmen Erfahrung bewusst?	3. Beschreiben Sie genau Ihre körperlichen Empfindungen während des unangenehmen Erlebnisses	4. Welche Gedanken, Gefühle und Stimmungen tauchten in der Situation auf?	5. Welche Gedanken und Gefühle haben Sie jetzt zu diesem Erlebnis?
Montag					
Dienstag					
Mittwoch					
Donnerstag					
Freitag					
Samstag					
Sonntag					

(eigene Darstellung in Anlehnung an Kabat-Zinn, 2019, S. 437)

Anhang 8 Reflexionsprotokoll schwieriger Gesprächssituationen

	1. Kurze Beschreibung der Gesprächssituation:Beteiligte, Inhalte, Themen	2. Wie kam es im Gespräch zu Differenzen oder Schwierigkeiten?	3. Was war Ihr Anliegen? Hatten Sie Erfolg?	4. Welche Gefühle haben Sie während und nach dem Gespräch gehabt?	5. Ist das Problem, der Konflikt gelöst? Wie konnte die Lösung geschehen?
Montag					
Dienstag					
Mittwoch					
Donnerstag					
Freitag					
Samstag					
Sonntag					

(eigene Darstellung in Anlehnung an Kabat-Zinn, 2019, S. 438)

Anhang 9 Übung: Achtsame Kommunikation

 Achtsamkeit 101

Anleitung für diese Achtsamkeitsübung
Um einen optimalen Erfolg mit dieser Übung zu erzielen gehen Sie wie folgt vor:

 Definiere einen Zeitraum
Nimm dir einen Zeitraum vor, in dem du achtsames Sprechen üben möchtest. Es reicht zu Beginn, wenn du die Übung nur für ein paar Stunden praktizierst.

 Beginne bereits bei der Begrüssung einer Person
Achtsames Sprechen kann bei der Begrüssung einer Person beginnen. Bleibe während der Begrüssung bei deinem Atem und versuche gleichzeitig dem Gegenüber mit deinem ganzen Respekt zu begegnen. Schaue die andere Person an, während du lächelst, Hallo sagst oder die Hand schüttelst.

 Hör gut zu
Achtsames Sprechen ist vorerst achtsames Zuhören. Sehr oft bilden wir uns bereits schon unsere Gedanken, während der Gesprächspartner noch redet. Bleib ganz offen und präsent bei deinem Gegenüber und versuche innerlich zu ergründen was er zu sagen hat, was ihn in seinem inneren bewegt. Halte zu ihm Augenkontakt.

 Paraphrasieren
Das Mitgefühl für die Person kann stärker werden, wenn du in deinen eigenen Worten wiederholst, was die Person mitgeteilt hat. «Also, wenn ich dich richtig verstanden habe, ist es für dich jeweils nicht einfach wenn du...»
Lass dir bestätigen, dass du ihn richtig verstanden hast.

 Bei Streitgesprächen: Signalisiere Bereitschaft
Geht es um ein Streitgespräch, dann signalisiere deinem Gegenüber klar die Bereitschaft zuzuhören: «Ich möchte dich besser verstehen. Ich möchte deine Probleme und Schwierigkeiten verstehen und dir zuhören, weil du mir wichtig bist.»

 Achte auf Deine Worte
Sei während dem achtsamen Sprechen behutsam mit deinen Worten. Überlege dir vorher stets, dass sie gewaltfrei sind und niemanden verletzen. Wähle deine Worte mit Bedacht. Es kann sein, dass dadurch auch Pausen entstehen und das Sprechen entschleunigt wird. Versuche nur wahre Dinge zu erzählen und übertreibe nicht. Verschaffe dir mit Worten keinen Vorteil und versuche nicht, dein Gegenüber zu manipulieren. Verwende insgesamt eine friedvolle Sprache.

Extra-Tipp:
Dehne den Zeitraum des achtsamen Sprechens nach und nach aus. Du wirst immer mehr einen inneren Friede spüren.

Was kann diese Übung bewirken?
Achtsames Sprechen kann bewirken, dass wir uns gegenseitig besser verstehen. Durch den Gebrauch einer gewaltfreien Sprache geben wir dem Gesprächspartner das Gefühl verstanden worden zu sein.

(mit freundlicher Genehmigung der Betreiber der Homepage Achtsamkeit 101.ch, Kaeser, 2019b)

Anhang 10 Übungen: Achtsames Yoga

Übungsreihe im Stehen:

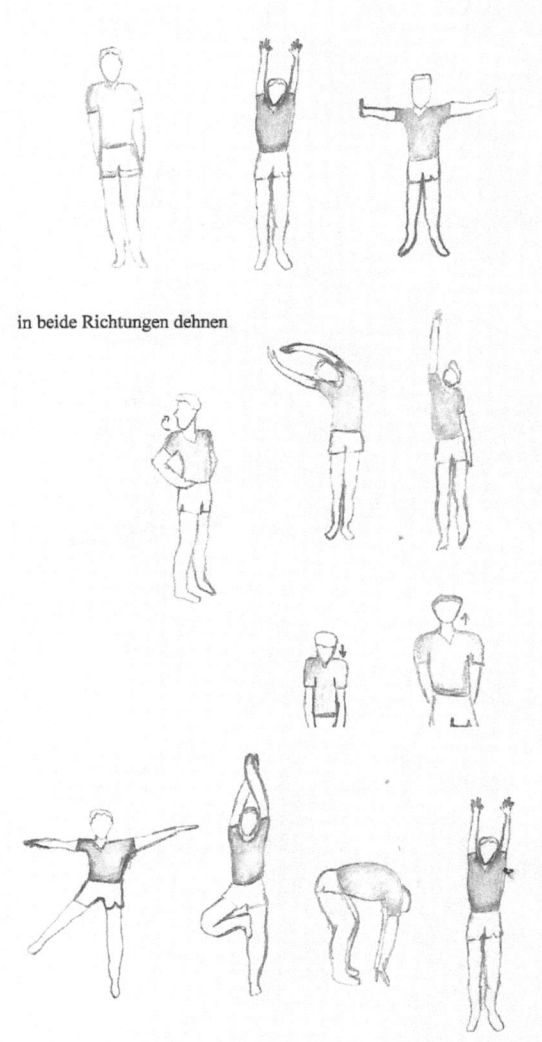

in beide Richtungen dehnen

am Ende Körperempfindungen wahrnehmen, atmen, nachspüren

(eigene Darstellung, grafische Umsetzung Vivien Gottschall)

Übungsreihe im Liegen:

Atmen in Ausgangslage

mit beiden Beinen

mit beiden Seiten

in beiden Richtungen drehen

mit beiden Beinen

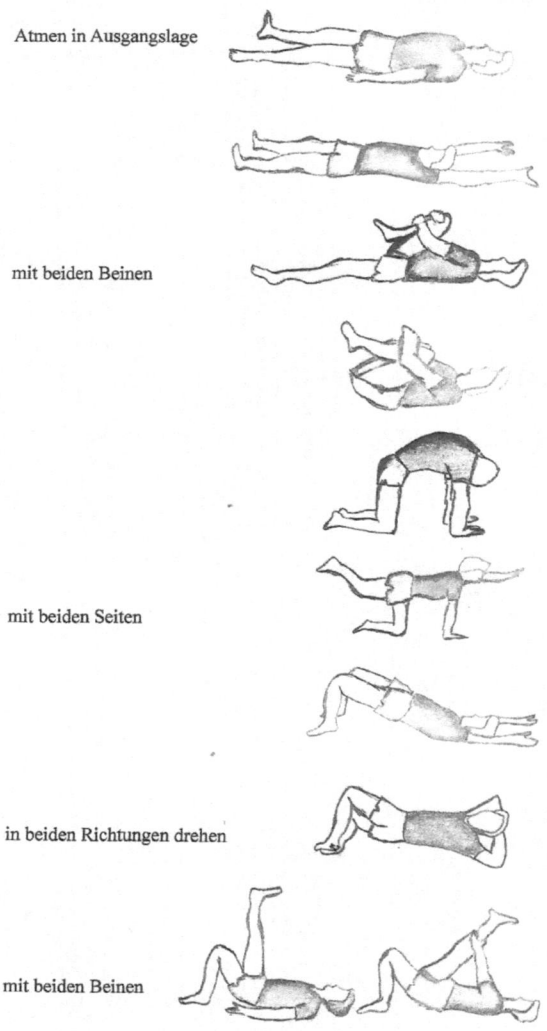

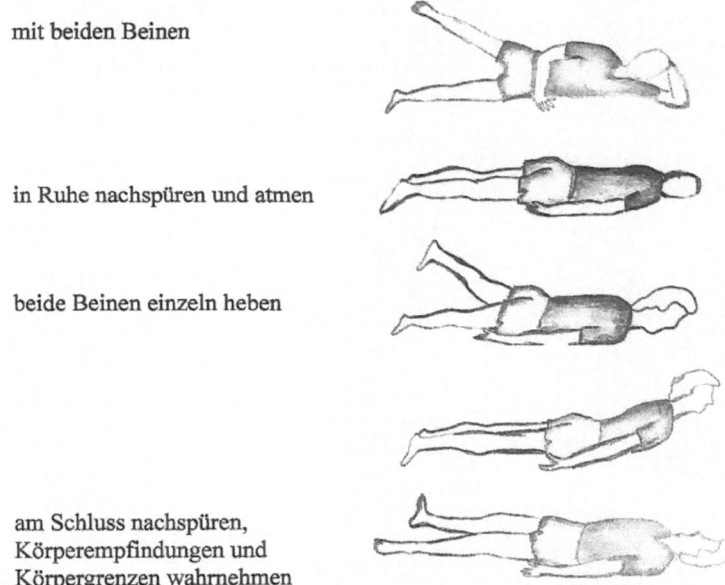

mit beiden Beinen

in Ruhe nachspüren und atmen

beide Beinen einzeln heben

am Schluss nachspüren,
Körperempfindungen und
Körpergrenzen wahrnehmen

(eigene Darstellung, grafische Umsetzung Vivien Gottschall)

Hinweise:
Die Übungen dienen nicht sportlichen Zwecken, sollen nicht körperlich überfordern, sondern in ruhiger Weise ausgeführt werden, um die körperliche Selbstwahrnehmung und ganzheitliche Präsenz zu fördern. Eigene Grenzen, Empfindungen, Gedanken und Gefühle sollen wahrgenommen und beachtet, nicht bewertet werden.